MIX
Papier aus verantwortungsvollen Quellen
FSC® C010328
FSC www.fsc.org

Penguin Random House Verlagsgruppe FSC® N001967

Die Deutsche Nationalbibliothek verzeichnet diese Publikation
in der Deutschen Nationalbibliografie; detaillierte bibliografische Daten
sind im Internet unter http://dnb.d-nb.de abrufbar.

Lizenzausgabe mit freundlicher Genehmigung

Umschlagillustrationen: Susanne Schwandt
Umschlaggestaltung: Artelier, München
Druck und Bindung: Alföldi, Debrecen
Printed in Hungary
ISBN 978-3-7306-1047-3
www.anacondaverlag.de

Sabine Seyffert · Susanne Schwandt

Kinderfeste für das ganze Jahr

Anaconda

Inhalt

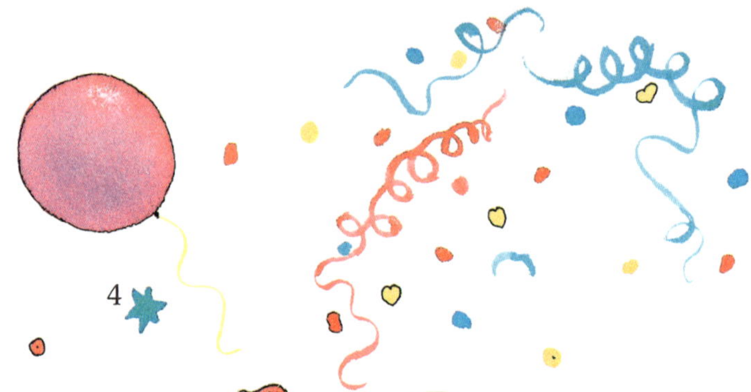

In jedem Kapitel finden Sie Anleitungen und Tipps, wie Sie die Feste komplett von A bis Z planen und durchführen können. Die einzelnen Feste sind nach Hauptpunkten geordnet, die sich in jedem Kapitel wieder finden. Die folgenden Symbole neben den Seitenzahlen zeigen Ihnen immer an, worum es gerade geht:

Einladungsideen 

Dekorationsvorschläge 

Ideen für pfiffige Rezepte 

Spielaktionen 

Ein paar Tipps vorab

An die Eltern und alle diejenigen, die Feste lieben und gerne feiern!
Sicherlich liebt Ihr Kind Feste. Vielleicht sind auch Ihnen bestimmte Feiern in guter Erinnerung, die Sie vor Jahren als Kind erlebt haben. Ich jedenfalls erinnere mich noch ganz genau an meine Kinderfeste. Alleine die Vorbereitungen waren für mich immer ein großes Erlebnis. Gemeinsam mit meiner Mutter durfte ich dann überlegen, welche Kinder eingeladen wurden, und Einladungskarten basteln. Die Erinnerung an die Aufregung, kurz bevor die kleinen Gäste kamen, und an die ausgelassenen, fröhlichen und auch spannenden Feiern sind für mich Grund genug ein Buch zu schreiben, das sich mit dem Feiern mit Kindern befasst.
Doch bevor ich Ihnen die sechs verschiedenen Festideen vorstelle, die ich für dieses Buch zusammengetragen habe, würde ich Ihnen gerne noch einige Tipps für einen gelungenen Ablauf mit auf den Weg geben.

♦ Lassen Sie sich von den Eltern der eingeladenen Kinder Bescheid geben, ob die Kinder tatsächlich kommen. So können Sie Spiele und Mahlzeiten besser planen. Dabei sollten Sie darauf achten, dass die

Kinder nicht zu viel »Süßkram« in sich hineinstopfen. Ein Kuchen reicht in der Regel vollkommen aus. Zusätzlich können Sie zwischendurch lieber einmal einen Teller mit frischem, aufgeschnittenem Obst reichen.

♦ Laden Sie nicht zu viele Kinder ein. Als Faustregel gilt, dass lediglich so viele Kinder eingeladen werden, wie es dem Alter Ihres Kindes entspricht. Denn zu viele Kinder bringen natürlich auch Unruhe mit sich. Einige Ideen, wie z. B. Ostereier färben oder Plätzchen backen, lassen sich auch mit zahlreichen Kindern nur schwer umsetzen. Organisieren Sie sich bei vielen Kindern auf jeden Fall einen Helfer.

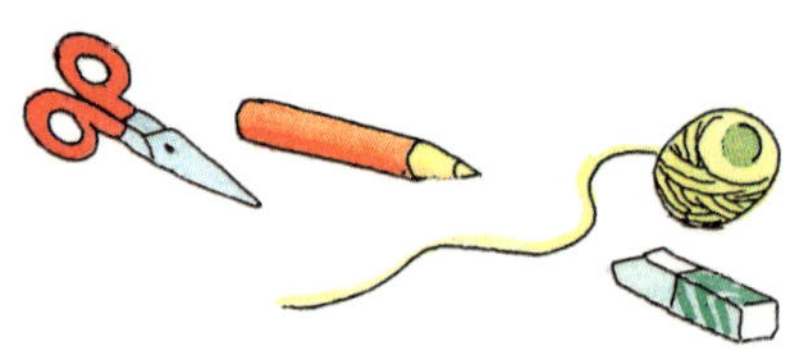

♦ Bereiten Sie das Fest sorgfältig vor und legen Sie sich all die Materialien zurecht, die während der einzelnen Spielaktionen benötigt werden. So ersparen Sie sich lästige Sucherei während des Festablaufs und vermeiden unnötige Unruhe.

♦ Planen Sie in den Ablauf mit ein, dass die Kinder auch einmal eine kleine Pause brauchen. Zu viele Spielaktionen nacheinander können die Kinder überfordern. In solchen Pausen können Sie einen tollen »Partydrink« reichen oder einen kleinen gesunden Snack als Muntermacher reichen.

♦ Wählen Sie die Spielaktionen so aus, dass nach sehr bewegungsreichen Spielen auch einmal ruhigere Spiele folgen, so dass die Kinder zwischendurch immer wieder zur Ruhe kommen. Ein Fest ist für Kinder schon aufregend genug.

♦ Vielleicht ist es Ihnen möglich einen Teil des Festes ins Freie zu verlegen. So bekommen Ihre kleinen Gäste ausreichend Sauerstoff, was die Konzentration und Aufmerksamkeit fördert. Wenn das nicht möglich ist, lüften Sie zwischendurch das Zimmer gut durch.

♦ Wenn Sie ein Fest geplant haben, das im Freien, beispielsweise im Garten oder im Wald, stattfinden soll, denken Sie daran, dass es regnen kann - auch dann sollten Sie Spiele parat haben. In den feuchteren und kälteren Jahreszeiten sollten Sie bei geplanten Aktionen im Freien bereits in der Einladung ausdrücklich auf passende Kleidung der Kinder hinweisen.
So, jetzt wünsche ich allen kleinen Gästen und natürlich auch Ihnen als großen Gästen viel Spaß und Freude beim Feiern der Feste!

Ihre Sabine Seyffert

Fasching, Karneval und Co.

Feste im Januar und Februar

Ein Konfettibonbon

Material:
leere Klopapierrolle, buntes Konfetti, Krepppapier, Schere, Geschenkband, ein Bogen Tonkarton, ein Stift

So wirds gemacht:
Als Erstes schneiden Sie den Tonkarton in etwa postkartengroße Stücke. Darauf notieren Sie den Einladungstext. Vielleicht hat Ihr Kind Lust die Einladung bunt anzumalen oder einige bunte Konfetti darauf zu kleben. Anschließend wird die Einladung gerollt und in die Klopapierrolle gesteckt – auch diese kann natürlich noch bunt angemalt werden. Nun legen Sie die Rolle auf das Krepppapier und schneiden so viel Papier davon ab, dass Sie die Rolle darin als schönes Bonbon einrollen und verpacken können. Bevor Sie mit Hilfe des Geschenkbandes auch die zweite Seite zubinden, müssen Sie natürlich noch eine Hand voll Konfetti in die Rolle füllen! Denn schließlich soll dieses Konfettibonbon eine Einladung sein, die so richtig neugierig auf das Faschingsfest macht!

Ein kleiner Tipp:
Wenn Ihr Kind Lust dazu hat, kann es die bunten Konfetti auch ganz einfach selber herstellen. Dazu braucht es nur einen Locher, bunte Papierreste und etwas Geduld ...

Riesige Ballons

Material:
mehrere riesengroße Luftballons (Durchmesser mindestens 70–90 cm), eine gute Luftballonpumpe, Material zum Füllen, z.B. buntes Konfetti, Bonbons, kleine Tüten mit Gummibärchen, kleine Perlen oder Murmeln, Reis o.Ä.

So wirds gemacht:
Bevor die riesigen Luftballons aufgepumpt werden, müssen sie gefüllt werden. Dazu eignen sich alle lustigen Dinge, die zu Fasching passen und keine scharfen Kanten haben(!). Besonders reizvoll ist natürlich eine Bonbon-Füllung. So könnte man am Schluss der Feier den Bonbon-Ballon zur »Schlacht« freigeben.

Ein kleiner Tipp:
Die riesigen Ballons sind zwar nicht ganz billig, erfüllen aber ihren Zweck. Zum einen sind sie wegen ihrer Größe gut geeignet einen Raum zu dekorieren, denn so benötigen Sie kaum etwas anderes. Sie können die Ballons an der Decke befestigen oder auch einige auf dem Boden verteilen. Durch das unterschiedliche Füllmaterial werden die Kinder ihre Freude haben, damit zu spielen und die Ballons in den Festverlauf mit einzubeziehen.
Zum anderen sind diese Ballons enorm elastisch, vorausgesetzt, man pumpt sie nicht ganz auf. Sie können über ein Vierteljahr halten, weil man sie bei Bedarf ständig wieder mit neuer Luft füllen kann.

Alles um mich herum ist kunterbunt

Material:
bunt eingefärbte Bettlaken, lustige Stoffreste oder farbenfrohe Decken

So wirds gemacht:
Um in Windeseile einen Raum für ein Faschingsfest zu dekorieren, kann man sich mit bunten Laken und Decken weiterhelfen. Unter diesen verschwinden ganz einfach und problemlos im Raum stehende Regale, Kommoden und Schränke.

Ein kleiner Tipp:
Mit dieser Dekorationsidee schlagen Sie zwei Fliegen mit einer Klappe. Zum einen lassen Sie all das verschwinden, was die Kinder vielleicht von den geplanten Spielaktionen ablenkt, und zum anderen wird der Raum in ein buntes Spielfeld verwandelt. Zusätzlich können Sie an den bunten Laken natürlich noch bunte Lampions, Luftschlangen oder kleinere Ballons befestigen.

Kinderleichte Partygirlande

Material:
buntes Krepppapier und eine Schere

So wirds gemacht:
Schneiden Sie vom Krepppapier etwa 10 cm breite Streifen ab. Diese werden nun auseinander gerollt und von beiden Seiten in kleineren Abständen eingeschnitten – hierbei können die Kinder gut mithelfen! Zum Schluss befestigt man das eine Ende der Girlande an der Wand o.Ä. und dreht das andere Ende so lange in eine Richtung, bis die Girlande schön gedreht im Raum hängt.

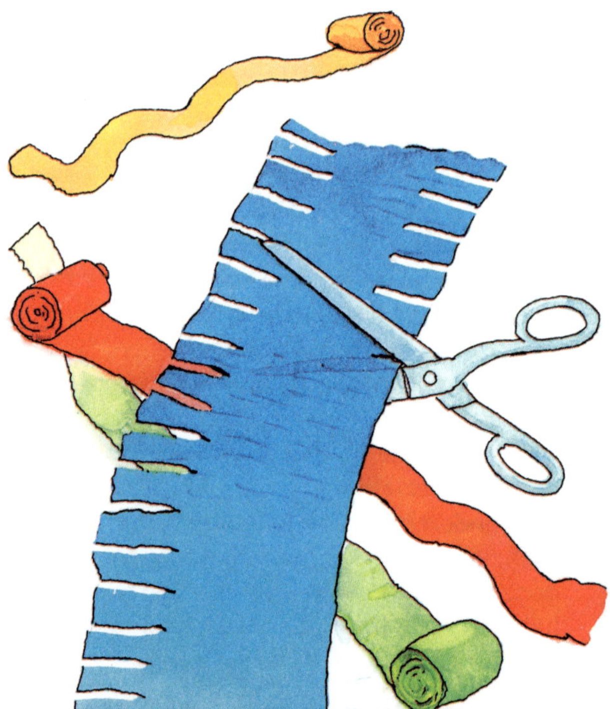

Wir verkleiden uns …

Bunter Rock

Material:
buntes Krepppapier, Scheren, Gürtel oder breites Gummiband

So wirds gemacht:
Aus dem Krepppapier schneiden Sie viele, ca. 5 cm breite Streifen. Dann schnallt sich das Kind den Gürtel um oder bindet ein Stück vom Gummiband um die Taille. Nun hängt man in langen Streifen das bunte Krepppapier über den Gürtel – fertig ist der witzige Rock zum Feiern!

Ein kleiner Tipp:
Vielleicht legen Sie dieses Bastelmaterial in einer freien Ecke im Raum bereit. Mit einer zusätzlichen Truhe mit Verkleidungsutensilien, einem Spiegel und etwas bereitgelegtem Schminkzeug ist die Verkleidungsecke perfekt! Kinder ab etwa 6 Jahren können sich dort ganz alleine verkleiden, bunt schminken, den lustigen Rock herstellen etc.

Lustige Ketten

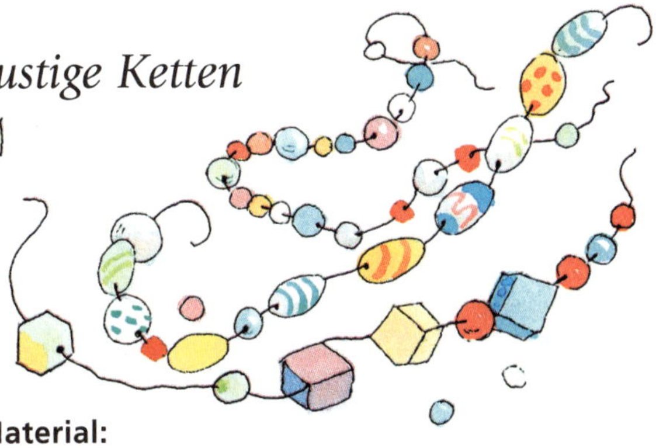

Material:
mehrere Lederschnüre oder Bänder aus Kordel, Material zum Auffädeln, z.B. bunte Perlen, Glöckchen, Federn, Deckel und Verschlüsse, die mit einem Loch versehen wurden, Nudelsorten, die man gut auffädeln kann, etc.

So wirds gemacht:
Vor oder während der Feier können Sie den Kindern die Möglichkeit geben sich tolle Ketten zu basteln. Dazu legen Sie einfach die Bänder und das Material zum Auffädeln auf einen kleinen Tisch oder in mehreren Schalen auf den Boden. Nun darf jeder sich seine ganz persönliche Kette zusammenstellen – vielleicht gibt es ja einen Wettbewerb um die ausgefallenste oder witzigste Kette?

Kleine Pizzacracker

Zutaten:
500 g Weizenvollkornmehl, 1 Würfel Hefe, 1 Teelöffel Honig, eine Prise Salz, ein Esslöffel Öl, ¼ l lauwarme Milch, 1 Dose Tomaten (oder Mus aus frischen Tomaten), 500 g geriebener Gouda, eine kleine Dose Mais, 1 rote Paprikaschote, Oliven, 1 kleine Zucchini, einige frische Champignons, 1 Zwiebel

So wirds gemacht:
Schütten Sie das Mehl in eine Schüssel. Drücken Sie eine kleine Mulde hinein, in die Sie die Hefe bröseln und Honig sowie Öl darübergeben. Schütten Sie die lauwarme Milch dazu und verrühren Sie die Hefe, bis sie sich ganz aufgelöst hat. Decken Sie die Schüssel für einige Minuten mit einem Baumwolltuch ab. Sobald die angerührte Hefe Blasen wirft, können Sie diese mit dem restlichen Mehl zu einem geschmeidigen Teig verkneten. Lassen Sie ihn noch einmal etwa 1 Stunde an einem warmen Ort gehen.

In der Zwischenzeit pürieren Sie die Tomaten und würzen sie nach Ihrem Geschmack mit Salz, Pfeffer, Basilikum und etwas milder Paprika. Das Gemüse können Sie waschen und in kleine Scheiben bzw. Würfel schneiden. Stellen Sie es in kleinen Schälchen auf den Tisch.
Während der Feier dürfen die kleinen Gäste nun ihre Pizzacracker vorbereiten und zuerst mit dem Tomatenmus bestreichen. Geben Sie jedem Kind mehrere kleine Teigbällchen in die Hand, die auf dem Blech ausgebreitet etwa so groß wie eine Kinderhand sind. Welches Kind sich welchen zusätzlichen Belag auf die Cracker tut, ist jedem selbst überlassen.
Zum Schluss bäckt man die Cracker bei 175° etwa 30 Minuten lang.

Obst vom Spieß

Zutaten:
Schaschlikspieße aus Holz, 1 Tafel Zartbitterschokolade, Obst (z. B. Bananen, Ananas, Apfel, Birne, Weintrauben)

So wirds gemacht:
Das Obst wird geschält und in kleine Scheiben oder Würfel geschnitten. Danach pikst man es auf die hölzernen Stäbchen. In der Zwischenzeit wird die Schokolade im Wasserbad zum Schmelzen gebracht. Wenn die Obstspieße fertig sind, kann man die flüssige Schokolade über die Spieße tröpfeln. Und im Nu hat man einen vitaminreichen, erfrischenden Snack für zwischendurch!

Kinderbowle

Zutaten:
2–3 Flaschen Mineralwasser, 1 Flasche klarer Apfelsaft, ½ Flasche Pfirsichsaft, etwas Obst, z. B. Äpfel, Nektarinen, Aprikosen, Ananas oder Pfirsiche

So wirds gemacht:
Das Mineralwasser wird mit dem Saft vermischt. Dann wäscht bzw. schält man das Obst und schneidet es in kleine Stücke. Anschließend gibt man das zerkleinerte Obst in das Saft-Wasser-Gemisch.
Mit kleinen Partyspießen zum Aufpiksen wird das Bowle-Trinken ein großer Spaß!

Ein kleiner Tipp:
Diese Obstspieße können Sie natürlich auch während des Fests mit Hilfe der Kinder zubereiten. Und anstelle der Zartbitterschokolade kann man ebenso gut andere Sorten nehmen. Wer mag, kann das Obst auch ganz mit Schokolade überziehen und dann mit Kokosflocken, gehackten Mandeln oder gemahlenen Nüssen bestreuen.

Kunterbuntes Clownsgesicht

Material:
Schminke in verschiedenen Farbtönen (in kleinen, separaten Dosen oder als Stifte), Kassettenrekorder und Tanzmusik

So wirds gemacht:
Jedes Kind bekommt eine bestimmte Schminkfarbe. Während die Tanzmusik läuft, flitzen die Kinder mit ihrer Schminke hinter den Mitspielern her. Sobald eins berührt wurde, muss es ruhig stehen bleiben und bekommt einen Punkt oder bunten Strich vom Fängerkind ins Gesicht gemalt. Doch jeder muss natürlich gut aufpassen, dass er selber nicht gefangen wird. Ist das Lied schließlich zu Ende, dürfen alle eine Weile verschnaufen. Welche der Schminkfarben hat denn die meisten Gesichter heimgesucht? – Nun sind außerdem alle Kinder passend zum Festanlass kunterbunt geschminkt!

Ein kleiner Tipp:
Die Regel, dass die Kinder, die berührt wurden, stehen bleiben, sollte unbedingt eingehalten werden. Sonst ist die Gefahr zu groß, dass sich die Kinder mit den Schminkstiften o.Ä. in die Augen stechen oder sich an anderen Stellen verletzen.

Wer fängt das Bonbonmonster?

Material:
ein altes Hemd, T-Shirt oder ein Schlafanzug, Nadel, Nähgarn, Bonbons, ein Kassettenrekorder, lustige Tanzmusik

Vorbereitung:
An das Kleidungsstück nähen Sie etliche Bonbons o.Ä., bis es gut mit den kleinen Naschereien bedeckt ist.

So wirds gemacht:
Die Musik wird eingeschaltet und das Bonbonmonster zum Fangen »freigegeben«. Nun dürfen alle kleinen Gäste hinter dem Monster herflitzen und versuchen Bonbons zu ergattern – bis das Bonbonmonster keine Bonbons mehr hat.

Ein kleiner Tipp:
Da dieses Spiel sehr bewegungsreich ist, sollte man es in einem weitgehend freien und großen Raum durchführen – am besten bei gutem Wetter im Freien. Auf diese Weise können die Kinder wieder frischen Sauerstoff »tanken«. Halten Sie für jedes Kind eine kleine Tüte o.Ä. bereit, in dem es seine Eroberungen aufbewahren kann. Ansonsten ist die Versuchung zu groß alle Süßigkeiten sofort zu verspeisen!

Parcours

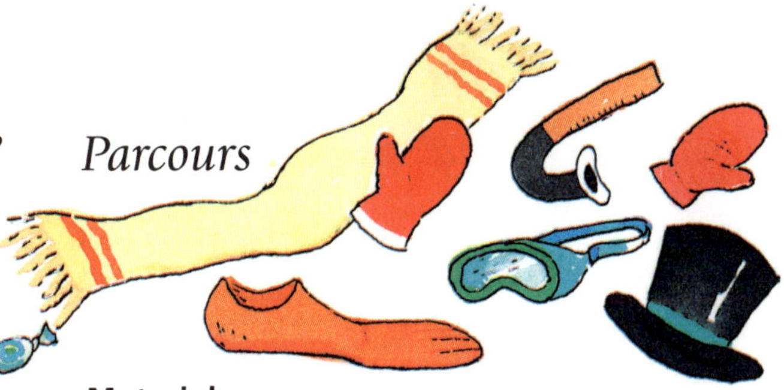

Material:
lustige Kleidungsstücke, z.B. ein Zylinder, Skibrille, Schnorchel, Schal, Handschuhe, Taucherflossen etc.

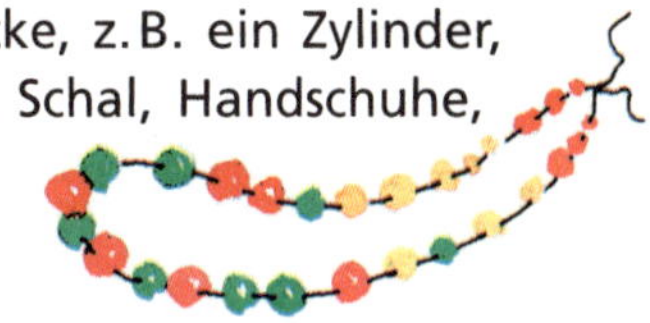

So wirds gemacht:
Die Kindergruppe wird in zwei Mannschaften aufgeteilt. Jede Gruppe bekommt in etwa die gleichen Kleidungsstücke. Auf Kommando müssen jeweils die ersten Spieler versuchen sich anzukleiden und eine bestimmte Strecke zu laufen. Anschließend sind sofort die nächsten Mitspieler an der Reihe. Welche Gruppe ist als Erste komplett verkleidet am Ziel?

Ein kleiner Tipp:
Markieren Sie eine Startlinie, hinter der sich die beiden Gruppen mit ihren Mitspielern postieren. Und bauen Sie bei älteren Kindern einen richtigen kleinen Parcours auf. Bei jüngeren Spielern ist es vollkommen ausreichend, sich nur mit den zusätzlichen Verkleidungsutensilien fortzubewegen!

Mikado einmal anders

Material:
pro Spieler ein hölzerner Schaschlikstab und viele große Perlen in den verschiedensten Formen: Würfel, Dreiecke, runde Perlen, ovale Perlen etc.

So wirds gemacht:
Auf einem Tisch oder dem Fußboden werden große Perlen in den unterschiedlichsten Formen auf einen Haufen gelegt. Jeder Spieler erhält nun einen hölzernen Schaschlikspieß und muss mit diesem die Perlen vom Berg räumen, ohne dass sie sich bewegen oder zu kullern beginnen. Wer schafft es, auf diese Weise die meisten Perlen zu ergattern?

Ein kleiner Tipp:
Man kann anstelle der Perlen auch andere Dinge nehmen. Für jüngere Kinder von 3 oder 4 Jahren ist es sicherlich sinnvoller, einfach leere Papprollen und kleine Schachteln auf einen Berg zu häufen. So können die Kinder diese Dinge auch mit Hilfe der Hände wegnehmen. Das ist wesentlich einfacher, als einen Stab zu Hilfe zu nehmen.

Großes Durcheinander

Material:
mehrere unterschiedliche Puzzles
(im Schwierigkeitsgrad dem Alter der Kinder entsprechend)

So wirds gemacht:
Mehrere Puzzles werden auseinander genommen und sämtliche Teile auf einem geräumigen Tisch oder auf dem Fußboden gemischt und auf einen kleinen Berg gehäuft. Die Spieler müssen nun für sich alleine oder paarweise versuchen, schnellstmöglich eines der Puzzles komplett zusammenzusetzen. Wer das schafft, ist Puzzlekönig!

Welcher Socken fehlt?

Material:
die Socken aller anwesenden Kinder

So wirds gemacht:
Alle Spieler ziehen ihre Socken aus und legen diese auf einen Haufen, der gut durchgemischt wird. Der Spielleiter nimmt einen der Socken aus dem Spiel, ohne dass die Spieler es sehen. Nun müssen alle versuchen ihre Sockenpaare wiederzufinden um herauszubekommen, welche Socke fehlt!

Ein kleiner Tipp:
Wenn Sie nur wenige Gäste haben, müssen noch weitere Sockenpaare aus Ihrem Vorrat mit ins Spielgeschehen gegeben werden, damit das Durcheinander größer wird.

Ein kullernder Apfel

Material:
pro Spieler ein Apfel und ein kleiner Teller

So wirds gemacht:
Jedes Kind sitzt am Tisch und hat einen Teller vor sich, auf dem ein kleiner Apfel liegt. Jeder hält seine Hände auf dem Rücken. Die Spieler müssen nun versuchen den Apfel ohne Hilfe der Hände zu essen. Wer ist damit als Erster fertig?

Ein kleiner Tipp:
Dieses Spiel eignet sich erst für Kinder ab 6 Jahren. Bei jüngeren Kindern könnten Sie den Apfel zerschneiden, so dass lediglich ein kleines Stück ohne Hilfe der Hände vom Teller gegessen werden muss.

Es regnet Konfetti!

Material:
Kordel, Luftballons, eventuell eine Luftballonpumpe, Konfetti oder ersatzweise Reis

So wirds gemacht:
An eine lange Schnur werden aufgeblasene Ballons geknotet, in denen buntes Konfetti ist. Diese Ballonschnur hängt man so hoch, dass die Kinder gerade eben mit ihren Händen die Ballons berühren können. Alle Spieler müssen nun versuchen die Ballons zum Platzen zu bringen, damit es Konfetti regnet.

Ein kleiner Tipp:
Dieses Spiel sollten Sie möglichst ins Freie verlegen. Konfetti lässt sich zwar gut wieder wegsaugen, aber während der Feier verteilt es sich in jeder kleinen Ecke der Wohnung!
Außerdem können Sie die Ballons gut als Dekoration verwenden. In diesem Fall sollten Sie die Spielaktion allerdings erst zum Schluss des Festes durchführen, weil ansonsten die Deko sofort vernichtet wird.

Bunte Bilder im Schnee

Material:
buntes Krepppapier

Vorbereitung:
Das Krepppapier wird in etwa postkartengroße Stücke zerschnitten.

So wirds gemacht:
Wenn es am Tag der Feier schön verschneit ist, kann man mit den kleinen Gästen auch eine Weile nach draußen gehen. Geben Sie den Kindern das vorbereitete Krepppapier mit. Damit können sie schöne bunte Bilder in den Schnee legen. Wie wäre es mit einem tollen Clownsgesicht oder einer frechen Hexe?

Hurra, der Frühling ist da …

Feste im März und April

Tüll-Eier

Material:
bunter Tüll, Geschenkband, dünne Lackstifte, gekochte Eier

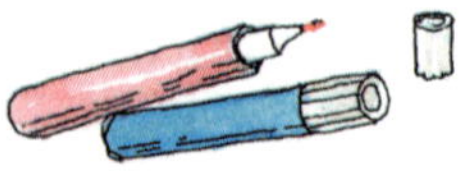

So wirds gemacht:
Als Erstes kocht man die Eier. Wenn sie vollständig erkaltet sind, kann man mit Hilfe der Lackstifte den Einladungstext darauf schreiben. Das Kind kann drum herum ein bisschen malen. Anschließend verpackt man die Einladungen in dem bunten Tüll und bindet diesen mit einer Schleife bzw. dem Geschenkband zusammen!

Ein kleiner Tipp:
Man kann ebenso gut ausgeblasene Eier verwenden, wenn Sie den Inhalt selbst noch zum Backen o. Ä. verwenden möchten. Allerdings sind die Einladungen dann nicht mehr sehr stabil …

Überraschungseier

Material:
kleine, runde Luftballons, Tapetenkleister, Wasser, buntes Krepppapier, ein scharfes Messer, Stifte, Tonpapier, eine Schere und schönes Geschenkband

So wirds gemacht:
Pro Einladung wird ein Luftballon aufgeblasen. Danach rühren Sie der Gebrauchsanleitung entsprechend den Kleister an. Während dieser einen Moment zieht, können Sie mit Hilfe Ihres Kindes das bunte Papier in kleine Stücke reißen. Dann kleben Sie diese Papierschnipsel Schicht für Schicht mit dem Kleister um die Luftballons. Wenn Sie genug Schichten geklebt haben, hängen Sie die Ballons am besten an einen warmen Ort zum Trocknen.
Wenn die Ballons ganz getrocknet sind, schneiden Sie diese mit einem scharfen Messer einmal längst durch. Den Luftballon bzw. das übrig gebliebene Gummi entfernen Sie. Dann schneiden Sie sich aus dem Tonkarton Einladungskarten aus, auf die Sie den Text schreiben. Ihr Kind kann die Einladungen noch bunt anmalen.
Nun legt man die Einladungen in die Eierhälften, drückt diese aneinander und bindet mit dem Geschenkband eine schöne Schleife darum. Fertig sind die Überraschungseier!

Ein kleiner Tipp:
Diese Einladungen machen etwas Arbeit und dauern ihre Zeit. Diese lohnt sich allerdings. Besonders, wenn man die Überraschungseier noch mit etwas Stroh und kleinen Schokoladeneiern füllt!

Im Kressenest

Material:
ein Dekorteller, Wasser, Watte, Kressesamen, einige gekochte Eier und Kräuter zum Färben

So wirds gemacht:
Mit dieser Dekorationsidee müssen Sie früh anfangen, weil die Kresse erst wachsen muss!
Der Rand des Dekortellers wird rundherum mit etwas Watte ausgelegt. Diese befeuchtet man mit Wasser und streut anschließend Kressesamen darauf. Man muss sie nun täglich neu befeuchten, bis die Kresse groß genug ist.
Die Eier kocht man und färbt sie mit Kräutern oder Pflanzenfarben ein. Sie können auch einfach Säfte zum Färben nehmen: Rote Beete, Kirsch- oder Traubensaft etc. Auch mit Hilfe von Kaffeesatz, Zwiebelschalen oder Tee lassen sich Eier in tollen Naturtönen einfärben.
Ist die Farbe getrocknet, platzieren Sie die bunten Eier im Kressenest. Dieses können Sie als tolle Dekoration auf den Tisch stellen!

Witzige Eierkerzen

Material:
einige ausgeblasene Eier, weißes und gelbes Wachs, Kerzendocht

So wirds gemacht:
Sie müssen die Eierschalen am oberen Ende leicht aufbrechen, so dass eine Öffnung entsteht. Dann schmelzen Sie in einem alten Küchentopf das weiße Kerzenwachs und füllen es in die Eierschalen hinein. In die Mitte stecken Sie den Kerzendocht, den Sie einen Moment festhalten müssen, bis das Wachs beginnt hart zu werden. Wenn es trocken ist, füllt man einen runden Klecks aus gelbem Wachs ganz oben auf die Eierkerze. Nun sieht es aus wie ein aufgeschnittenes Frühstücksei!

Ein kleiner Tipp:
Dies ist ein nettes kleines Überraschungsgeschenk und sieht auf dem Ostertisch in einem Eierbecher sehr dekorativ aus.

Eiergirlande

Material:
etliche ausgeblasene Eier, eine lange Kordel, buntes Krepppapier

So wirds gemacht:
Auf eine lange Schnur werden die ausgeblasenen Eier gefädelt, die man quer durch einen Raum spannt oder über den Tisch hängt. Vielleicht haben Ihre kleinen Gäste ja Lust die ausgeblasenen Eier vorher zu bemalen. So könnten Sie diese Girlande gemeinsam während der Feier herstellen. Zwischen den Eiern lässt man etwas Platz, so dass man diese Lücken mit bunten Krepppapierstreifen füllen kann.

Tischhasen

Material:
runde Holzscheiben in verschiedenen Größen, kleine braune Holzperlen, Scheren, Holzkleber, brauner Filz, schwarzes Nähgarn und ein weißer Lackstift

So wirds gemacht:
Als Erstes benötigen Sie für diese »Tischkärtchen« eine große Holzscheibe als Hasenbauch. Diese stellen Sie aufrecht hin. In die Mitte der Rückseite kleben Sie eine kleine runde Scheibe als Schwanz. Vorne kommen in derselben Größe zwei Holzscheiben als Pfoten hin. Eine mittelgroße Holzscheibe kleben Sie als Hasenkopf auf den Rumpf und schneiden sich aus dem braunen Filz zwei lange Hasenohren. Auf eines der Ohren notieren Sie den Namen eines Kindes, bevor Sie die Ohren an den Kopf kleben. Mit Hilfe der kleinen Perlen kleben Sie nun noch zwei Augen und eine Hasennase auf, unter die Sie drei kleine Stücke Garn kleben.
Auch einen rennenden Hasen können Sie basteln: Wie bei dem stehenden Tischhasen brauchen Sie eine große Holzscheibe für den Bauch. An jede Seite kleben Sie rechts und links jeweils eine kleine Holzscheibe für die Pfoten. In gleicher Größe bekommt der Hase hinten einen Stummelschwanz. Vorne an den Körper kleben Sie eine mittelgroße Holzscheibe als Kopf, dem Sie Ohren, Augen und Nase basteln.

Ein kleiner Tipp:
Nehmen Sie am besten einen Holzkleber, der gut hält und schnell fest wird. Sonst dauert es unendlich lange, bis die Holzscheiben aneinander haften!

Leckere Eierbecher

Zutaten:
500 g Vollkornmehl, 1 Würfel Hefe, ¼ l warme Milch, 80 g Zucker, 4 Esslöffel gemahlene Mandeln, 1 Esslöffel Öl, Backpapier

So wirds gemacht:
Das Mehl, die Mandeln und den Zucker vermischen Sie in einer Schüssel und bilden eine Mulde in der Mitte. Dann bröseln Sie die Hefe in die Mulde, geben das Öl darüber und erhitzen die Milch. Diese gießen Sie lauwarm dazu und verkneten alles zu einem geschmeidigen Teig, der nicht mehr an den Händen kleben sollte. Jedes Kind bekommt einen Teigklumpen und kann sich daraus einen Zopf flechten, den man zu einem runden Eierbecher zusammenlegt. Am besten testet man mit einem Ei, ob es auch wirklich passt.

Osterhasen-Variante:
Die Kinder formen aus dem Hefeteig keine Eierbecher, sondern Osterhasen in verschiedenen Größen. Diesen kann man beispielsweise mit Rosinen runde Augen geben oder man tupft nach dem Backen mit dunkler Kuvertüre ein Hasengesicht auf.

Jüngere Kinder, die noch nicht flechten können, rollen den Teig zu einer Kugel und drücken ihn platt. Anschließend drückt man mit dem Ei eine Mulde hinein und verziert den Rand mit Mandeln, Rosinen und Blumen aus Teigresten.
Die Eierbecher bäckt man bei 175° etwa 20–30 Minuten, bis sie goldbraun sind.

Kräuterquark

Da im Frühling endlich alles anfängt zu wachsen und zu blühen, kann man mit den Kindern einen herrlichen Kräuterquark zum Abendbrot zubereiten, wenn man einige Wochen zuvor Kräuter wie beispielsweise Schnittlauch, Dill und Petersilie anpflanzt!

Zutaten:
Schnittlauch, Petersilie, Dill, 500 g Quark, etwas Milch und Kräutersalz

So wirds gemacht:
Die Kräuter hackt oder schneidet man ganz klein. Dann gibt man sie samt Quark in eine Schüssel und schüttet etwas Milch dazu, bis durch das Rühren eine cremige Masse entstanden ist. Zum Schluss würzt man den Quark noch mit etwas Kräutersalz.

Ein kleiner Tipp:
Sie können den Quark verfeinern, in dem Sie eine kleine Zwiebel würfeln und unterrühren. Außerdem können Sie etwas süße Paprika und Pfeffer zum Würzen verwenden.
Falls Sie keine Kräuter haben, können Sie diesen Quark auch mit Kresse zubereiten. Man kann den Quark als Brotaufstrich verwenden, zu mit Käse überbackenen Folienkartoffeln reichen oder mit etwas mehr Milch angerührt als Dip für Rohkost (Radieschen, Möhren, Gurke etc.) nehmen.

Eierpusten

Material:
ausgeblasene, saubere Eier

So wirds gemacht:
Jedes Kind erhält ein ausgeblasenes Ei, das eine bestimmte Strecke zurücklegen muss. Allerdings dürfen die Spieler es lediglich durch Pusten fortbewegen! Das ist gar nicht so leicht, wie es sich anhört, denn durch die ovale Form bewegen sich die Eier nicht immer in die Richtung, in die man sie haben will! Markieren Sie eine Start- und eine Ziellinie für die Eier. Für ältere Kinder können Sie auch Hindernisse einbauen, um die sie die Eier herumpusten müssen.

Pass auf, das Ei ist sehr zerbrechlich!

Material:
pro Spieler ein hart gekochtes Ei

So wirds gemacht:
Immer zwei Spieler treten gegeneinander an. Jeder erhält ein hart gekochtes Ei. Diese Eier schlagen die Kinder nun so aneinander, dass das Ei des anderen zerbricht, das eigene jedoch ganz bleibt. Bei wem hält das Ei am längsten stand?

Ein kleiner Tipp:
Wenn Sie die Eier vorher bunt einfärben, kann man besser erkennen, wenn die Schale reißt, da dann der Riss weiß schimmert. Das vermeidet Streitereien, ob das Ei denn nun wirklich angeschlagen ist oder nicht!

Eierlaufen

Material:
pro Mannschaft eine Suppenkelle und ein rohes Ei, eine Startlinie und einige Hindernisse (z. B. ein Stuhl zum Drübersteigen, eine Schüssel mit Wasser zum Drüberhüpfen)

So wirds gemacht:
Als Erstes bauen Sie mit Hilfe der Kinder einen kleinen Hindernisparcours auf. Dann werden die Kinder in zwei (oder mehrere, je nach Anzahl) Gruppen geteilt und stellen sich an der Startlinie auf. Die ersten Spieler erhalten nun die Suppenkelle, in die ein rohes Ei gelegt wird. Nach dem Startkommando müssen die Kinder die Hindernisstrecke bewältigen, ohne dass das Ei hinunterfällt. Danach sind die nächsten Spieler an der Reihe! Welche Gruppe ist zuerst fertig?

Ein kleiner Tipp:
Wenn das Wetter es an diesem Frühlingstag nicht zulässt, das Spiel draußen im Freien zu spielen, sollten Sie besser auf hart gekochte Eier zurückgreifen oder in einer gefliesten und geräumigen Küche spielen. Denn sicherlich wird das eine oder andere Ei dabei in die Brüche gehen!

Hasenwettlauf

Material:
pro Mannschaft eine Möhre, braune Schminkstifte und Mützen mit braunen Hasenohren (aus Filz oder bemalter Pappe angenäht!)

So wirds gemacht:
Die Kinder teilen sich in gleich große Mannschaften auf. Nun findet das große Hasenrennen statt. Und zwar müssen die Spieler sich mit Hilfe der Schminke und der Mützen als Hasen verkleiden und hoppelnd eine gekennzeichnete Strecke zurücklegen. Am Wendepunkt finden sie eine Möhre, von der sie ein Stück abbeißen und essen müssen. Erst wenn kein Krümelchen mehr im Hasenmund ist, darf der Hase zurückhoppeln und sein nächster Mitspieler ist an der Reihe!

Ein kleiner Tipp:
Sie können den Kindern zusätzlich Material zum Verkleiden geben, beispielsweise einen braunen Pulli oder einen gebastelten Gürtel mit Stummelschwanz, der die Hasen noch lebendiger wirken lässt!

Seifenblasen, Kissen und Ballons

Feste im Mai und Juni

Ein Fest zum Toben und Entspannen

Kinder haben einen ausgeprägten Bewegungsdrang. Leider fehlt ihnen oft die Möglichkeit diesem gerecht zu werden. Aus diesem Grund habe ich speziell das folgende Fest erarbeitet, bei dem Spiele durchgeführt werden, die den Kindern die nötige Bewegung ermöglichen, ohne dass gleich alle außer Rand und Band sind und es dem Spielleiter nicht mehr möglich ist, Ruhe in die Kindergruppe zu bekommen.

Diese Spiele schaffen den wunderbaren Ausgleich zwischen Toben, Bewegen und Entspannen. Als Spielmaterial habe ich bewusst Seifenblasen, Kissen und Ballons ausgewählt, weil ich damit stets gute Erfahrungen gemacht habe. Kinder lieben dieses Spielmaterial, weil es viel Atmosphäre und auch Ruhe vermittelt, wenn sie damit herumtoben oder Bewegungen ausführen. Davon abgesehen verfolgen die Kinder bei allen aufgeführten Spielen ein bestimmtes Ziel. Deshalb wird es Ihnen nicht passieren, dass die Kinder ziellos herumtoben, keine Anweisung mehr wahrnehmen o.Ä., weil keine Vorgaben gemacht wurden oder ihnen zu freie Hand gelassen wurde. Trotzdem habe ich versucht den Kindern einen gewissen Freiraum während der Spiele zu lassen, damit auch sie spontan eigene Ideen verwirklichen und umsetzen können.
Dann wünsche ich Ihnen viel Freude in der traumhaften Welt der Seifenblasen, im Kuschelreich der Kissen und im Reich der bunten Ballons!

Ein großer, runder Luftballon

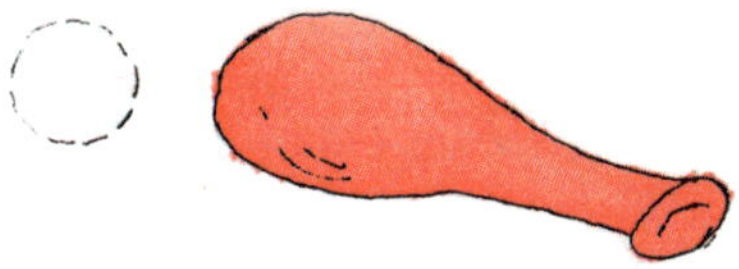

Material:
ein großer, runder Luftballon pro Gast, buntes Geschenkband, Konfetti, Glimmer oder Pailletten, Tonpapier, Schere und Stifte

So wirds gemacht:
Aus dem Tonpapier schneiden Sie ein kissenförmiges Stück heraus, auf dem Sie den Einladungstext notieren und das Kind eventuell etwas malt. Dann rollen Sie die Einladung zusammen und stecken sie in den Luftballon. Anschließend füllen Sie etwas Konfetti o.Ä. hinein, pusten den Ballon auf und knoten ihn gut zu. Zum Schluss binden Sie noch ein Stück von dem bunten Geschenkband an den Luftballon, damit dieser dem Kind, das eingeladen wird, überreicht werden kann.

Ein kleiner Tipp:
Man kann in Luftballongeschäften auch kleine Flaschen mit einem speziellen Gas kaufen. Wenn Sie sehr viele Gäste einladen oder die Einladung zu einem großen Kindergarten- oder Schulfest benötigen, füllen Sie anstelle der Luft das Gas in die Ballons und haben somit eine »fliegende« Einladung!

Schmuseecke mit Decken und Kissen

Material:
Decken, zahlreiche Kissen in verschiedenen Größen und Formen, einige Kopfkissenbezüge, Luftballons und eine Ballonpumpe

So wirds gemacht:
Legen Sie eine große Decke in eine freie Ecke im Raum. Am Rand platzieren Sie dann unzählige Kissen. Die Kopfkissenbezüge können Sie mit aufgeblasenen Luftballons füllen.
Falls Sie ein Moskitonetz haben, können Sie dieses über den Kissen an der Decke anbringen. So bietet diese Schmuseecke eine richtig gemütliche Rückzugsmöglichkeit zum Entspannen und um neue Kraft zu tanken!

Luftballontraube

Material:
Kordel, Luftballons, eventuell eine Luftballonpumpe

So wirds gemacht:
An eine lange Kordel werden aufgeblasene Ballons geknotet – möglichst eng, dann sieht es besser aus. Anschließend hängt man diese wunderschöne Luftballontraube quer durchs Zimmer oder lässt sie von der Decke baumeln.

Gefüllte Kissen

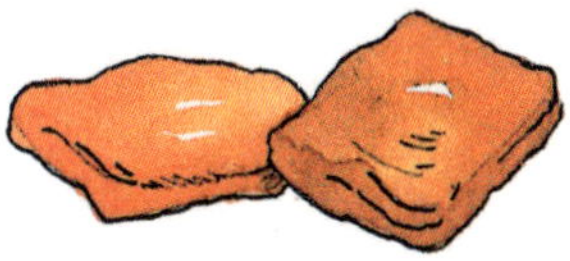

Ein kleiner Tipp:
Dazu kann man einen selbst gemachten Kräuterquark (siehe S. 24), Kräuterbutter oder einen bunten Salat reichen. Und schon hat man ein komplettes Abendessen fertig! Man kann diese gefüllten Kissen auch als süße Variante anbieten. Dazu füllt man sie mit Kirschen, Apfelmus und Zimt o.Ä.

Zutaten:
500 g Vollkornmehl, 500 g Margarine, 500 g Quark, 1 Ei und eine Messerspitze Backpulver, Frischhaltefolie, etwas Fett für das Backblech, Gemüse zum Füllen (z. B. in Ringe geschnittener Lauch mit einem Becher Crème fraîche oder 1 Packung tiefgefrorener Blattspinat mit Schafskäse)

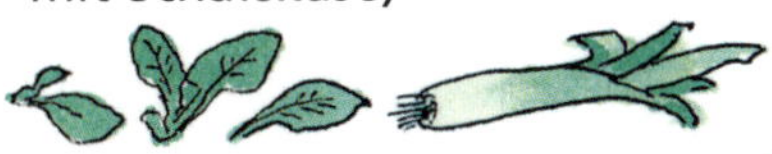

So wirds gemacht:
Mehl, Margarine, Quark, Ei und Backpulver zu einem geschmeidigen Teig kneten, bis er nicht mehr klebt und man ihn zu einer Kugel formen kann. Dann wickelt man den Teigklumpen in etwas Frischhaltefolie und lässt ihn eine Stunde im Kühlschrank. In der Zwischenzeit kann man das Blech fetten und das Gemüse vorbereiten. Bei dem Lauch empfiehlt es sich, ihn vorher in schmale Ringe zu schneiden und mit der Crème fraîche anzubraten. Den Spinat kann man nach dem Auftauen direkt zum Füllen nehmen. Aber auch anderes Gemüse wie Tomaten, Zucchini, Paprika, Mais o.Ä. lässt sich in Würfel geschnitten mit Schmand und etwas geriebenem Käse als leckere Füllung verwenden! Den Teig rollt man und schneidet ihn in breite Scheiben. Dann gibt man das Gemüse hinein und drückt den Teig als kleines Kissen zusammen. Anschließend werden sie bei 175° für ca. 20 Minuten gebacken.

Marzipanwaffeln

Zutaten:
1 Packung Marzipan-Rohmasse, 250 ml Vollmilch, 1 Vanillezucker, 2 Esslöffel Zucker, 4 Eier, 500 g Vollkornmehl, gehobelte Mandeln und Öl für das Waffeleisen

So wirds gemacht:
Man püriert die Marzipan-Rohmasse mit der Milch, bis sie sich ganz aufgelöst hat. Anschließend gibt man nach und nach die restlichen Zutaten dazu und verrührt sie so lange, bis ein geschmeidiger Waffelteig entstanden ist. Für einen intensiveren Marzipangeschmack kann man noch 2 Tropfen Bittermandel hinzufügen.
Das heiße Waffeleisen wird mit etwas Öl bestrichen. Anschließend streut man einige gehobelte Mandeln in das Waffeleisen, füllt etwas Teig darauf und streut noch einige Mandeln darüber. Man bäckt die Waffeln, bis sie leicht gebräunt sind.
Zu den fertigen Waffeln schmecken warme Kirschen, Schokosauce und geschlagene Sahne!

Kühle Drinks

Zutaten:
2 Flaschen Mineralwasser, 1 Flasche Kirschsaft, 1 großes Glas Kirschen und eine Packung Vanilleeis

So wirds gemacht:
Mineralwasser, Kirschsaft und das Glas Kirschen schüttet man zusammen in einen großen Behälter oder in mehrere kleine Krüge. Pro kühlen Drink serviert man eine große Kugel Vanilleeis im Glas – und dazu lustige Trinkhalme und kleine Löffel für die Kirschen!

Spiele mit Seifenblasen

Alle Seifenblasen-Spiele lassen sich an einem warmen Tag auch wunderbar auf einer Wiese im Garten, im nahe gelegenen Park oder Wald durchführen. Die Seifenblasen glänzen dann traumhaft schön im hellen Licht der Sonne!

Wer fängt die meisten Seifenblasen?

Material:
Seifenblasen

So wirds gemacht:
Im Raum oder im Freien werden viele Seifenblasen gepustet. Die Kinder sollen nun versuchen so viele wie möglich mit den Fingern zerplatzen zu lassen.

Zerplatze nicht, kleine Seifenblase!

Material:
Seifenblasen, pro Kind ein quadratisches Stück ganz weichen Teppichs

So wirds gemacht:
Jedes der Kinder erhält ein Stück Teppich. Der Spielleiter pustet viele, viele Seifenblasen. Die Kinder müssen nun ganz vorsichtig versuchen eine der Seifenblasen mit Hilfe des Teppichstücks aufzufangen, ohne dass diese zerplatzt! Wer hat so viel Geschick und innere Ruhe, dass es klappt?

Seifenblasen in der Luft

Material:
Seifenblasen

So wirds gemacht:
Die Seifenblasen werden in den Raum hineingeblasen. Die Kinder sollen nun versuchen eine der Seifenblasen hoch oben in der Luft zu halten, indem sie von unten tüchtig dagegenpusten.

Ein kleiner Tipp:
Durch das kräftige Ein- und Ausatmen werden die Kinder ruhig, ausgeglichen und sind im Anschluss wieder völlig aufnahmefähig.
Bei älteren Kindern kann man das Spiel so abändern, dass sie versuchen ihre Seifenblase eine bestimmte Strecke oder einen Weg entlang zu treiben, indem sie dagegenpusten.

Wir sind viele bunte Seifenblasen …

Material:
meditative Musik, Kassettenrekorder

So wirds gemacht:
Die Kinder verteilen sich im Raum und stellen sich vor, sie wären viele bunte Seifenblasen. Zu der Musik, die leise eingespielt wird, dürfen die Kinder nun beginnen sich wie lustige Seifenblasen zu bewegen, zu tanzen, sich zu drehen …
Ist das eingespielte Musikstück zu Ende, segeln die Seifenblasen sachte zur Erde und legen sich hin um sich auszuruhen.

Ein kleiner Tipp:
Je nachdem, was Sie im Anschluss mit den Kindern machen möchten, können Sie die entspannte Atmosphäre nutzen und eine Fantasiereise machen oder die Kinder im Liegen einen Moment zur Ruhe kommen lassen.

Spiele mit Kissen: Kleines Kissen, wandere weiter!

Material:
ein Kissen

So wirds gemacht:
Alle Spieler sitzen im Kreis auf dem Boden. Der erste Spieler klemmt sich das Kissen nun zwischen die Füße und gibt es ohne Hilfe der Hände an seinen nächsten Nachbarn weiter – bis das Kissen schließlich im ganzen Kreis herumgewandert ist. Sollte es zwischendurch hinfallen, darf es nur mit den Füßen wieder aufgehoben werden.

Ein kleiner Tipp:
Wenn viele Kinder mitspielen, können auch mehrere Kissen gleichzeitig im Kreis umherwandern. Oder man macht verschiedene Durchgänge nacheinander mit unterschiedlichen Kissen: einem länglichen, einem riesigen, einem kleinen, runden Kissen usw. Auch den beiliegenden aufblasbaren Ball kann man umherwandern lassen.

Kissenbilder

Material:
viele Kissen in allen Größen und Formen, eventuell einige Tücher

So wirds gemacht:
Die Kinder dürfen mit Hilfe der Kissen und Tücher irgendein Bild legen. Es kann ein Gesicht, ein Tier, ein Gegenstand o.Ä. sein. Wenn man mehrere Gruppen bildet, müssen die anderen Gruppen jeweils das gelegte Kissenbild erraten. Die Mannschaft, die das Bild zuerst richtig erkannt hat, bekommt einen Punkt oder ist als Nächste dran ein Bild aus den Kissen zu legen.

Ich spring von Stein zu Stein

Material:
zahlreiche Kissen, die so im Raum verteilt werden, dass die Kinder ohne Anlauf von Kissen zu Kissen hüpfen können

So wirds gemacht:
Alle Spieler verteilen sich im Raum und stellen sich auf ein beliebiges Kissen. Diese Kissen sind nun große Steine, die aus dem Wasser eines Bachs herausragen. Um keine nassen Füße zu bekommen, müssen die Kinder von Stein zu Stein hüpfen.

Fallt nicht runter, liebe Kissen!

Material:
pro Zweiergruppe ein großes Tuch und zwei bis drei Kissen

So wirds gemacht:
Alle Kinder finden sich zu zweit zusammen und erhalten eines der Tücher. Jedes Kind muss zwei Ecken eines Tuchs festhalten. Sie stellen sich nebeneinander, so dass jede Zweiergruppe ein ausgebreitetes Tuch zwischen sich hält und alle Spieler eine Gasse aus Tüchern bilden. Die Spielleitung gibt nun das erste Kissen in diese Tüchergasse. Die Kinder müssen versuchen, mit Hilfe des Tuchs das Kissen zum nächsten Spielpaar zu befördern usw. Wenn das Kissen ein Stück gewandert ist, gibt die Spielleitung das nächste Kissen in die Gasse.
Bei vielen Kindern kann man auch zwei Tüchergassen bilden und diese gegeneinander spielen lassen; oder man bildet einen riesigen Tüchergassenkreis und gibt die Kissen so schnell weiter, bis sie sich irgendwann treffen.

Auf meinem Kopf, da liegt ein Kissen

Material:
pro Kind ein Kissen

So wirds gemacht:
Alle Kinder erhalten ein Kissen. Dieses dürfen sie sich auf den Kopf legen und damit im Raum umhergehen, natürlich ohne dass es herunterfällt. Wer kann mit seinem Kissen auf dem Kopf auch schnell laufen, Zickzacklinien gehen, auf einem Bein tanzen oder rückwärts krabbeln?

Ein kleiner Tipp:
Vielleicht haben die Kinder Lust ihre Kissen auch auf anderen Körperteilen, wie etwa der Schulter, dem Bauch oder dem Knie, zu balancieren. Älteren Kindern kann man auch einen kleinen Parcours aufbauen, durch den sie ihr Kissen auf dem Kopf tragen müssen.
Wenn Sie die Ruhe der Übung unterstreichen möchten, kann auch ruhige Musik eingespielt werden.

Ich bau dir ein Bett aus vielen Kissen

Material:
viele Kissen in allen Größen, Formen und Farben, eventuell Decken oder Matten als Unterlage, meditative Musik, ein Kassettenrekorder

So wirds gemacht:
Alle Kinder suchen sich einen Partner; dann wird leise die Musik eingespielt und die Partner bauen sich gegenseitig wunderschöne Betten aus den vorhandenen Kissen. Sie legen sich danach hinein und genießen ihre traumhaften Betten.

Wenn die Kinder liegen und ihre Augen schließen, können Sie sie noch eine Weile lang der Musik lauschen lassen, damit sie sich entspannen und zur Ruhe kommen, oder Sie erzählen ihnen eine Fantasiereise zum Entspannen.
Vielleicht haben die Spielpartner auch Lust dazu, sich gegenseitig im Kissenbett eine Weile zu massieren.

Spiele mit Ballons: Ballonboule

Material:
pro Spieler drei Ballons in jeweils einer Farbe sowie der beiliegende aufblasbare Ball

So wirds gemacht:
Alle Spieler stehen etwa auf einer Höhe. Dann wird der aufgeblasene Ball ins Spielfeld hineingerollt. Nacheinander dürfen die Spieler versuchen von der Spiellinie aus mit einem ihrer Ballons den im Feld liegenden Ball zu treffen. Nach drei Durchgängen bzw. wenn alle Kinder ihre Ballons gekugelt haben, wird geschaut, welcher Ballon als Nächster am Ball liegt – das Kind, dem dieser Ballon gehört, ist Spielsieger!

Ein kleiner Tipp:
Für jüngere Kinder sollte man eine Linie markieren. Dazu kann man einen Kreidestrich auf den Boden malen oder mit Klebeband eine Linie auf dem Boden anbringen. Außerdem ist es ratsam bei jüngeren Kindern ein Wettspiel zu vermeiden, denn bei ihnen sollte mehr die Freude am Spiel zählen.

Liebe Ballons, fallt nicht herunter!

Material:
drei aufgeblasene Ballons

So wirds gemacht:
Alle Spieler verteilen sich im Raum. Nun werden die drei Ballons in die Luft geworfen. Alle Kinder müssen gut aufpassen und darauf achten, dass keiner der Ballons den Boden berührt. Dabei darf nicht ein und dasselbe Kind zweimal hintereinander unter denselben Ballon schlagen, um diesen in der Luft zu halten. Deswegen müssen die anderen Kinder schon in den Startlöchern sein um ihren Einsatz nicht zu verpassen.

Ein Ballon hat mich berührt

Material:
zwei aufgeblasene Luftballons (möglichst groß)

So wirds gemacht:
Zwei der Kinder sind die Fänger und bekommen je einen Luftballon. Die anderen Kinder müssen sich in Acht nehmen, denn wenn ein Kind von einem Ballon berührt und somit abgetroffen wird, muss es sich sofort mit weit gegrätschten Beinen hinstellen. Die Kinder, die noch nicht getroffen wurden, können die gefangenen Kinder befreien, in dem sie ihnen durch die gegrätschten Beine krabbeln.

Fliegende Luftballons

Material:
ein Schwungtuch (ersatzweise ein Bettlaken), mehrere bunte Luftballons und der beiliegende aufblasbare Ball

So wirds gemacht:
Das Tuch wird am Boden ausgebreitet, die aufgeblasenen Ballons werden hineingelegt; auch den aufblasbaren Ball kann man dazulegen. Alle Kinder verteilen sich um das Tuch und fassen es am Rand an. Nun wird es hochgehoben und so bewegt, dass die Luftballons hochgewirbelt und mit dem Tuch wieder aufgefangen werden.

Ein kleiner Tipp:
Um Ruhe in dieses entspannende Spiel zu bringen, kann im Hintergrund meditative Musik laufen.
Außerdem sollten Sie darauf achten, dass das Schwungtuch mit den Ballons nicht zu stark bewegt wird, sondern die Ballons nur ganz leicht durch die Luft fliegen können. Denn wenn das Tuch hektisch bewegt oder von den Kindern hin- und hergerissen wird, macht dieses Spiel keinen Spaß, weil zu viel Unruhe herrscht.

Sommer, Sonne und viel mehr

Feste im Juli und August

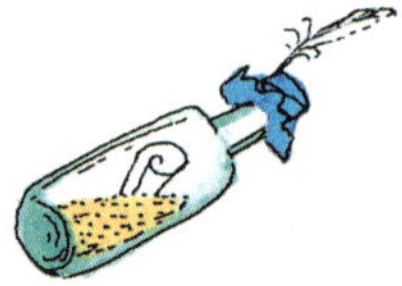

Flaschenpost

Material:
kleine, verschließbare Flaschen, Papier, Stifte und etwas Sand

So wirds gemacht:
Dies wird eine Einladung in Form einer richtigen Flaschenpost! Dazu wird der Einladungstext auf das Papier geschrieben. Wer will, kann es natürlich noch schön bunt bemalen oder rundherum etwas einreißen und über eine Kerzenflamme halten. Den Ruß kann man verschmieren und schon sieht es aus wie eine richtige Piratenschatzkarte.

Dann rollt man das Papier so, dass es in eine kleine Flasche hineinpasst. Damit die Flaschenpost noch echter wirkt, schüttet man ein bisschen Sand hinein und dreht dann den Deckel gut zu.

Zaubermuscheln

Material:
pro Einladung zwei Muschelhälften, die gut aufeinander passen, buntes Geschenkband, Papier und Stifte

So wirds gemacht:
Auf das Papier schreibt man die Einladung und malt ein schönes Bild dazu. Dann faltet man es so zusammen, dass es in die Muschel hineinpasst. Die zweite Muschelhälfte legt man darüber und bindet ein buntes Geschenkband darum. Solch eine Einladung hat sicherlich noch keiner bekommen, oder?

Ein riesiger Sonnenschirm

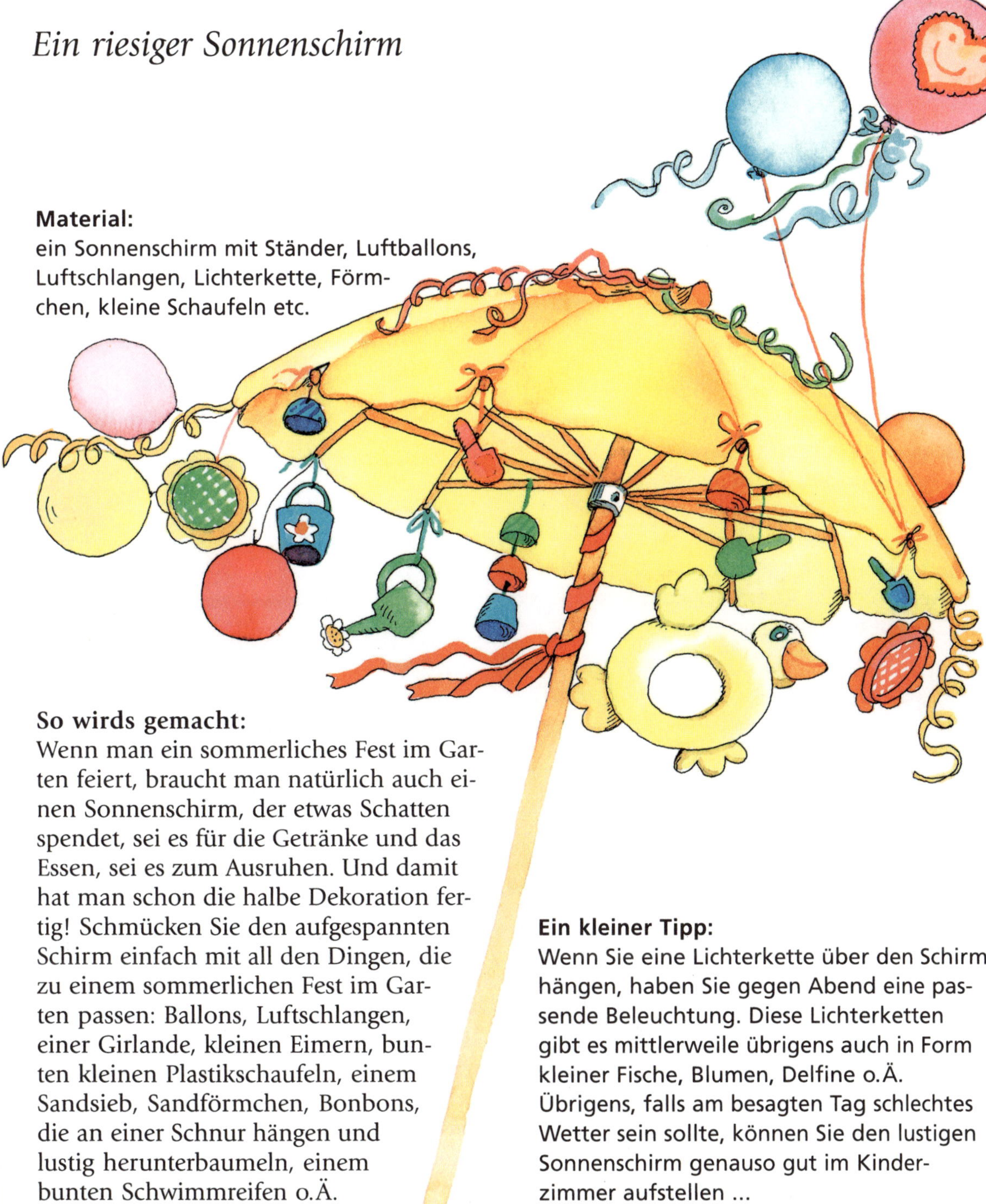

Material:
ein Sonnenschirm mit Ständer, Luftballons, Luftschlangen, Lichterkette, Förmchen, kleine Schaufeln etc.

So wirds gemacht:
Wenn man ein sommerliches Fest im Garten feiert, braucht man natürlich auch einen Sonnenschirm, der etwas Schatten spendet, sei es für die Getränke und das Essen, sei es zum Ausruhen. Und damit hat man schon die halbe Dekoration fertig! Schmücken Sie den aufgespannten Schirm einfach mit all den Dingen, die zu einem sommerlichen Fest im Garten passen: Ballons, Luftschlangen, einer Girlande, kleinen Eimern, bunten kleinen Plastikschaufeln, einem Sandsieb, Sandförmchen, Bonbons, die an einer Schnur hängen und lustig herunterbaumeln, einem bunten Schwimmreifen o.Ä.

Ein kleiner Tipp:
Wenn Sie eine Lichterkette über den Schirm hängen, haben Sie gegen Abend eine passende Beleuchtung. Diese Lichterketten gibt es mittlerweile übrigens auch in Form kleiner Fische, Blumen, Delfine o.Ä. Übrigens, falls am besagten Tag schlechtes Wetter sein sollte, können Sie den lustigen Sonnenschirm genauso gut im Kinderzimmer aufstellen ...

Im Sandkasten ist heut was los …

Material:
ein Sandkasten, Luftballons, Kordel, einige Siebe und kleinere Gegenstände (z. B. Radiergummis, Flummis, Spielzeugautos)

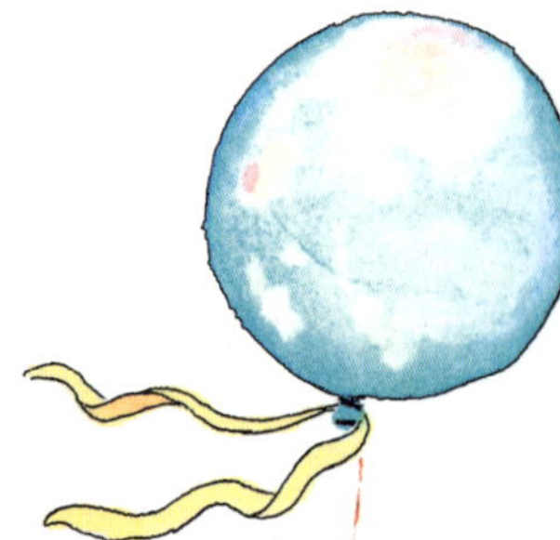

So wirds gemacht:
Heute, zum Fest, ist im Sandkasten etwas Außergewöhnliches los! Am Rand des Kastens werden bunte aufgeblasene Ballons festgebunden. Sie sehen schön aus und dienen als Dekoration. Im Sand selbst werden – sicherlich zum großen Spaß der Kinder – kleine Dinge versteckt. Mit Hilfe der Siebe können sie wieder zum Vorschein gebracht werden.

Ein kleiner Tipp:
Sie können im Sand beispielsweise kleine Geschenke für die Kinder verstecken, die sie nach dem Fest oder nach einigen Spielen erhalten. So kann sich jeder seine »Belohnung« selbst aussieben. Allerdings sollten Sie nur solche Dinge im Sand verstecken, denen Sand nichts anhaben kann!

Grillen einmal anders ...

Wenn das Wetter bei Ihrem Fest mitspielt, bietet es sich natürlich an, am Abend zu grillen. Das erspart Ihnen Zeit und Arbeit, weil die Kinder sich ihre Mahlzeit ganz alleine zusammenstellen können. Und gerade das macht den Kindern in der Regel den meisten Spaß. Dazu reichen Sie am besten einen Kräuterquark (siehe S. 24), Tsatsiki oder Saucen, die Sie auch sonst zum Grillen verwenden. Auf den folgenden Seiten finden Sie einige Grillrezepte für Ihr Kinderfest.
Falls es am geplanten Festtag regnen sollte, können Sie auch drinnen am Abend ein kleines Grillfest feiern. Zum einen gibt es handliche Tischgrills, die man lediglich in die Steckdose steckt. Ansonsten können Sie die von den Kindern zubereiteten Spieße etc. auch in der Bratpfanne oder im Backofen zubereiten.

Bunte Spieße

Mögliche Zutaten:
1 Paket hölzerne Schaschlikspieße, kleine Cocktailtomaten, Paprikaschoten, Maiskolben, Auberginen, Zucchini, Kartoffeln o.Ä.

So wirds gemacht:
Legen Sie das gewaschene und klein geschnittene Gemüse in kleinen Schalen oder auf einem großen Teller bereit. Nun kann sich am Abend jedes Kind seinen bunten Gemüsespieß zusammenstellen. Diese werden dann so lange auf den Grill gelegt, bis das Gemüse gar und leicht gebräunt ist.

Ein kleiner Tipp:
Stellen Sie etwas Kräuterbutter (selbst gemacht oder gekauft) bereit, sie würzt die Gemüsespieße sehr gut.

Gefüllte Zucchini

Zutaten pro Kind:
1 halbe Zucchini, verschiedene Käsesorten (z.B. Camembert, Mozzarella, Gouda, Emmentaler, milder Schimmelkäse), Alufolie

So wirds gemacht:
Mit Hilfe eines Teelöffels höhlt man die Zucchinihälfte aus und füllt sie mit Käse. Dann verpackt man sie in etwas Alufolie und legt sie auf den Grill, bis der Käse ganz geschmolzen und das Gemüse gar ist!

Ein kleiner Tipp:
Noch besser schmeckt es, wenn man ein paar Zwiebelwürfel und einen Schuss Sojasauce über die gefüllte Zucchinihälfte gibt. Überlassen Sie den Kindern jedoch selbst, ob sie das möchten.

Kartoffelhälften mit Käse

Zutaten:
kleine Kartoffeln, verschiedene Käsesorten, Alufolie

So wirds gemacht:
Die Kartoffeln müssen gut abgewaschen werden, dann kann man sie auch mit Schale essen. Am besten kocht man sie bereits einige Minuten vor, damit es auf dem Grill nicht so lange dauert. Dann schneidet man die Kartoffeln der Länge nach durch und belegt die Hälften mit Käse. Danach wickelt man etwas Alufolie darum und legt sie auf den Grill, bis sie gar sind.

Knoblauchbaguette

Zutaten für ein Baguette:
1 Paket Butter, Salz und 2 Knoblauchzehen

So wirds gemacht:
Den zerdrückten Knoblauch vermengt man mit Salz und Butter. Dann schneidet man das Baguette in Scheiben, jedoch nicht ganz durch, sondern nur zu zwei Dritteln. In die Ritzen streicht man die Knoblauchbutter und legt das Brot eine Weile auf den Grill, bis es knusprig und die Butter zerlaufen ist.

Ein kleiner Tipp:
Anstatt des Knoblauchs kann man auch Kräuter nehmen und anstelle des Baguettes kann man ebenso gut ein Fladenbrot füllen – je nachdem, was Sie gerade eingekauft haben und lieber mögen.

Partybowle

Zutaten:
1 kleine Wassermelone, Apfelsaft (oder Früchtetee) und Mineralwasser im Verhältnis 1:1

So wirds gemacht:
Der »Deckel« der Wassermelone wird mit einem scharfen Messer abgeschnitten. Danach höhlen Sie die Melone so aus, dass Sie das Fruchtfleisch vorsichtig herausnehmen können. In die ausgehöhlte Melone wird die Saft-Wasser-Mischung gegossen. Das Fruchtfleisch kann gewürfelt und in die »Bowle« hineingegeben werden.
Bei der Eröffnung des Grillfests wird die Partybowle in der Melone herumgereicht und jeder darf sich davon nehmen. Am besten schmeckt sie gut gekühlt, eventuell mit Eiswürfeln.

Es blubbert und spritzt

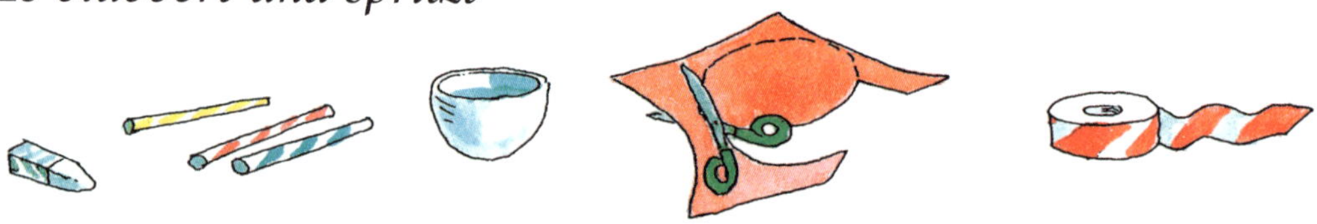

Material:
pro Mannschaft eine Schale oder ein kleinen Eimer mit Wasser, pro Spieler ein Trinkhalm und ein Kreis aus Tonpapier, den man so unter die Schale legen kann, dass das Papier an den Seiten ringsherum hervorguckt, Kreide oder Klebeband

So wirds gemacht:
Mit der Kreide wird eine Startlinie gezeichnet, hinter der sich die Mannschaften aufstellen. Jeder Spieler erhält einen Trinkhalm und den Kreis aus Tonpapier. Sobald das Startsignal ertönt, rennen die ersten Spieler jeder Mannschaft los zu der in einiger Entfernung aufgestellten Schale mit Wasser. Darunter müssen sie vorsichtig das Tonpapier legen. Kippt bereits jetzt Wasser darauf, muss der Spieler ausscheiden. Mit dem Trinkhalm müssen die Kinder nun so fest in die Schale pusten, dass Wasser herausblubbert.

Sobald ein Wassertropfen auf dem Tonpapierkreis zu sehen ist, darf der Spieler zur Startlinie zurücklaufen und den nächsten Mitspieler anschlagen.

Ein kleiner Tipp:
Die Kinder, die gerade nicht an der Reihe sind, dürfen ihre Mitspieler natürlich lauthals anfeuern, denn lautes Zurufen und Jubelschreie beflügeln ...

Ist das aber flutschig …!

Material:
pro Mannschaft eine Plastikschale, Wanne oder ein Eimer mit Wasser und ein Stück Seife, Kreide

So wirds gemacht:
Mit der Kreide wird eine Linie markiert, an der sich die Mannschaften aufstellen. In etwa 5 Metern Entfernung stehen die bis obenhin mit Wasser gefüllten Eimer. Die ersten Spieler müssen nach dem Startkommando zu den Eimern laufen und mit den nackten Füßen versuchen das Stück Seife aus dem Eimer zu fischen. Natürlich ohne Hilfe der Hände!

Ist das Stück Seife endlich aus dem Wasser gerettet, legt der Spieler es neben den Eimer und läuft zur Mannschaft zurück. Nun darf das nächste Kind schnell zum Eimer laufen und dort versuchen die flutschige Seife wieder mit den Füßen in den Eimer zu schmeißen …

Ein kleiner Tipp:
Die Kinder sollten für dieses Spiel am besten kurze Hosen oder Badesachen anhaben, denn sonst werden die Anziehsachen ganz schnell klitschnass. Von daher eignet sich diese heitere Spielaktion auch eher für warme Tage.

Der Wäscheklammertanz

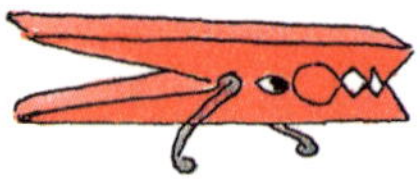

Material:
Tanzmusik, Kassettenrekorder, pro Spieler fünf Wäscheklammern einer bestimmten Farbe

So wirds gemacht:
Im Sommer hängen viele Leute ihre gewaschene Wäsche zum Trocknen ins Freie. Aus diesem Grund darf auf dem Sommerfest auch der Wäscheklammertanz nicht fehlen. Jedes Kind erhält fünf Wäscheklammern einer bestimmten Farbe. Danach wird die Tanzmusik eingespielt und jedes Kind muss versuchen so schnell wie möglich seine Wäscheklammern loszuwerden. Dies geschieht dadurch, dass die Klammern einem anderen Kind so an die Kleidung gesteckt werden, dass sie auch haften bleiben. Nur müssen die Spieler dabei aufpassen, dass ihnen selbst keine Wäscheklammern angesteckt werden. Ist die Musik schließlich zu Ende, wird gezählt, wer die meisten seiner Wäscheklammern losgeworden ist. Für jede Klammer, die dieses Kind jedoch selbst an der Kleidung hat, gibt es Abzüge.

Kunterbunt

Material:
Badeanzüge bzw. -hosen, Wasserfarben und Pinsel (anstelle der Wasserfarben kann man auch Matsch, Lehm und Erde benutzen, dieses Material ist aber nicht bunt!)

So wirds gemacht:
Alle Kinder dürfen sich gegenseitig kunterbunt mit den Wasserfarben bemalen – der Fantasie sind keine Grenzen gesetzt. Wenn alle Kinder bemalt sind, können sie sich gegenseitig betrachten und einen Tanz der vielen Farben tanzen (einfach lustige Musik einspielen). Vielleicht machen Sie auch einige schöne Erinnerungsfotos.

Ein kleiner Tipp:
Zum Schluss können sich die Kinder im Planschbecken austoben um die Farben wieder loszuwerden. Oder sie spritzen sich gegenseitig mit einem Gartenschlauch, Gießkannen o.Ä. ab.

Ein Fest im Wald

Feste im September und Oktober

Ein Blatt kommt geweht

Material:
große gepresste Blätter, ein Lackstift

So wirds gemacht:
Bei einem kleinen Spaziergang sammeln Sie mit Hilfe Ihres Kindes einige große, tolle Blätter. Diese müssen Sie anschließend zu Hause erst einmal gut pressen. Am besten legen Sie die Blätter einzeln in ein altes Telefonbuch, dessen Seiten die Feuchtigkeit aus den Blättern ziehen. Allerdings kann das einige Tage dauern. Auf die vollkommen trockenen und gepressten Blätter wird mit Hilfe des Lackstifts der komplette Einladungstext geschrieben.

Auf der Rinde stehts geschrieben

Material:
pro Einladung ein etwa handgroßes Stück Rinde, ein dünner Lackstift

So wirds gemacht:
Im Wald sammeln Sie mit Ihrem Kind einige Stücke Rinde. Diese findet man im Herbst oft neben Baumstämmen auf dem Waldboden. Die Rinde müssen Sie zu Hause am besten auf der warmen Heizung vollkommen trocknen lassen.
Ist die Rinde gänzlich trocken, schreiben Sie oder Ihr Kind mit Hilfe des Stiftes den ausgewählten Einladungstext darauf.

Waldgirlande

Material:
gepresste bunte Herbstblätter, kleine Zweige, Tannenzapfen, Bucheckern, Kastanien, Eicheln etc., eine dünne Kordel, eventuell eine Nadel und ein Handbohrer

So wirds gemacht:
Vor dem Fest sammeln Sie mit Ihrem Kind etliche Dinge aus dem Wald, z. B. bunte Herbstblätter, Tannenzapfen, Kastanien, Eicheln etc. Zu Hause trocknen Sie das gefundene Material und fädeln es danach (teilweise vielleicht mit Hilfe eines Handbohrers) auf eine dünne Kordel, so dass eine herbstliche Girlande entsteht, die den Wald in die Wohnung bringt.

Ein kleiner Tipp:
Feiern Sie dieses Fest im Freien, so benötigen Sie natürlich keine Dekoration, da der Wald und seine Umgebung genug Anreize bieten. Sollten Sie aber vorher zu Hause Kuchen essen oder zum Schluss noch einige Aktivitäten drinnen anbieten, so können Sie auch die folgenden Dekorationsvorschläge aufgreifen.

Leuchtende Blätter

Material:
bunte Herbstblätter, eine Lichterkette, Schere, dünner Basteldraht

So wirds gemacht:
Als Erstes müssen schöne Blätter gesammelt und anschließend gepresst werden. Danach kann man an den Stielen der Blätter etwas Basteldraht befestigen und diese an die im Raum hängende Lichterkette klemmen. Fertig ist die leuchtende Blätterkette! Sie sieht besonders schön aus, wenn es draußen zu dämmern beginnt!

Allerhand auf der Fensterbank

Material:
Dinge aus dem Wald, z. B. kleine Steinchen, Früchte, Blätter, Zweige, etwas Erde, Tannenzapfen, Moos etc.

So wirds gemacht:
Vor dem Fest sammeln Sie mit Ihrem Kind etliches Material im Wald. Diese Dinge platzieren Sie auf der Fensterbank oder auf einem kleinen Tisch, der im Zimmer steht.
Mit etwas Sicherheitsabstand zu den jeweiligen Dingen kann man kleine Teelichter dazwischen stellen und am Abend anzünden. Wem es sicherer ist, der kann auch auf eine Lichterkette zurückgreifen!

Bowle aus Waldfrüchten

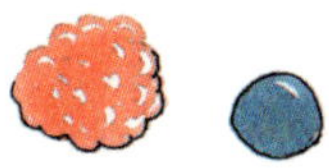

Zutaten:
Früchtetee mit etwas Honig oder ersatzweise Mineralwasser und Traubensaft im Verhältnis 1:1, pro Glas ein Esslöffel Waldfrüchte, z. B. Brombeeren, Waldbeeren, Walderdbeeren

So wirds gemacht:
Sie brühen den Früchtetee am Morgen frisch auf, geben nach Belieben etwas Honig dazu und stellen ihn zum Kühlen in den Kühlschrank. Wenn Sie die Bowle dann als Erfrischung reichen, geben Sie in jedes Glas einen Esslöffel der Waldfrüchte. Fertig ist der leckere Waldtrunk!

Ein kleiner Tipp:
Falls Sie keine frischen Waldfrüchte bekommen, können Sie auch auf tiefgefrorene Waldbeeren zurückgreifen. Diese müssten Sie natürlich eine Zeit lang vorher auftauen lassen.

Lauter Bäume ...

Zutaten:
200 g Quark, 8 Esslöffel Öl, 1 Ei, 1 Teelöffel Backpulver, 4 Esslöffel Zucker, 350 g Vollkornmehl, Margarine für das Blech, eventuell als Belag etwas frisches Obst, z.B. Pflaumen und Äpfel, Rosinen, Mandeln

So wirds gemacht:
Als Erstes werden der Quark und das Öl vermischt. Dann gibt man Ei, Backpulver und Zucker hinzu, als Letztes das Mehl. Sollte der Teig noch zu feucht sein und kleben, geben Sie einfach etwas mehr Mehl hinzu.
Jedes Kind bekommt nun einen Teigklumpen und darf sich daraus einen kleinen Baum formen. Wer mag, kann kleine Apfel- oder Pflaumenstücke, Mandeln oder Rosinen nehmen, um den Baum zu verzieren.
Anschließend legt man die Bäume der Kinder auf das gefettete Backblech und bäckt diese im Ofen bei 175° ca. 20 Minuten lang, bis sie goldbraun sind. Wenn die Bäume fertig sind, kann man sie als kleines Picknick mit in den Wald nehmen!

Bilder legen

Material:
kleine Zweige und viele Steine in allen Größen und Formen

So wirds gemacht:
Jedes Kind darf mit den vorhandenen Steinen und Zweigen ein beliebiges Bild, ein Muster, einen Gegenstand oder ein Tier legen. Wer mag, kann dieses »Kunstwerk« mit Hilfe eines starken Klebers auf Tonkarton oder Pappe kleben. Falls Sie Gips zur Verfügung haben, kann das erstellte Bild auch auf flüssigen Gips gelegt werden. Das hält besser und kann anschließend als Raumschmuck an einer Wand befestigt werden.

Geräusche-Raten

Material:
Leerkassette, Mikrofon, Rekorder

So wirds gemacht:
Der Spielleiter bereitet eine Kassette vor, auf die er verschiedene Geräusche aus der freien Natur aufnimmt: Vogelgezwitscher, Blätterrauschen, Fließgeräusch eines Baches, Hämmern eines Spechts etc. Natürlich können sich auf der Kassette auch Geräusche aus der Natur und solche aus der Stadt (Autolärm, Zug, Stimmengewirr ...) abwechseln.
Die Kinder sollen es sich ganz bequem machen. Wenn alle ihre Augen geschlossen haben und Ruhe eingekehrt ist, lauschen sie erst einmal den Geräuschen auf der Kassette. Ist das Band zu Ende, fordern Sie die Kinder auf, die Übung zu beenden, indem sie ihre Hände zu festen Fäusten ballen, sich ausgiebig recken und strecken!
Im Anschluss dürfen die Kinder erzählen, was sie für Geräusche hören konnten. Man kann sich dann das Band noch einmal zusammen anhören und über die Geräusche sprechen.

Ein kleiner Tipp:
Die meisten Spielaktionen sind so ausgewählt, dass sie mit kleinen Abänderungen sowohl im Wald als auch in der Wohnung durchführbar sind, je nach Wetterlage am Festtag.

Ich kenne meinen Wald genau

Material:
Kordel und Schere

So wirds gemacht:
An einem ausgewählten Ort im Wald werden mit Hilfe der Kordel etwa 1 m^2 große Bereiche markiert. Pro Spieler muss ein gekennzeichneter Bereich vorhanden sein. Die Kinder verteilen sich auf die markierten Felder und haben ca. 5–10 Minuten Zeit sich ihren Bereich genaustens anzusehen und kennen zu lernen. Ist die vereinbarte Zeit abgelaufen, wechselt jeder Spieler zu einem anderen Feld und darf dort nun etwas verändern. Beispielsweise einen Tannenzapfen an eine andere Stelle legen, einige Äste stapeln oder in den Waldboden stecken o.Ä. Wenn jeder etwas verändert hat, kehren die Spieler an ihre ursprünglichen Felder zurück. Dort muss durch genaues Beobachten herausgefunden werden, was verändert wurde. Wer kennt seinen Wald ganz genau?

Ein kleiner Tipp:
Je nach Alter der Kinder kann man das Spiel etwas abändern, indem z.B. immer zwei Kinder pro Feld zusammenspielen. Vier Augen sehen mehr als zwei! Oder man kann vorher festlegen, wie viele Dinge verändert werden dürfen. Man kann auch »falsche« Dinge in das Feld legen: unter einen Laubbaum einige Tannennadeln, unter einen Eichenbaum Kastanien etc. Erlaubt ist alles, wenn es vorher abgesprochen ist.

Blätterstapel

Material:
jede Menge Blätter

So wirds gemacht:
Alle Spieler sitzen auf dem Waldboden und haben zahlreiche Blätter neben sich liegen. Nach dem Startsignal des Gruppenleiters »Wer stapelt die meisten Blätter?« versucht jeder so viele Blätter wie möglich übereinander zu stapeln. Zum Schluss wird gezählt, wer die meisten Blätter zu einem richtigen Blätterturm gebaut hat, ohne dass dieser umgefallen ist.

Ein kleiner Tipp:
Wird dieses Spiel mit älteren Kindern durchgeführt, kann man es auch als Wettspiel spielen. Dann stapeln immer zwei Kinder gleichzeitig gegeneinander.

Hurra, es regnet Blätter!

Material:
zahlreiche Blätter, die auf dem Waldboden liegen

So wirds gemacht:
Die Kinder versammeln sich am besten unter einer kleinen Baumgruppe, unter der zahlreiche Blätter liegen. Auf ein Kommando des Spielleiters hin geht der Blätterregen los. Immer mehr und mehr Blätter regnen und segeln munter durch die Luft. Jeder darf natürlich dabei mitmachen und die Blätter in die Luft werfen. Wer mag, kann durch den Blätterregen tanzen, sich die Blätter auf den Kopf rieseln lassen oder aber die regnenden Blätter mit den Händen oder mit einem Hut einfangen. Der Fantasie der Spieler sind hierbei keinerlei Grenzen gesetzt! Deswegen kann man diesen herrlichen Blätterregen auch gut mit jüngeren Kindern durchführen.
Achtung: Wichtig ist hierbei nur, dass die Kinder ausschließlich Blätter in die Luft werfen. Denn wenn kleine Steine, Zapfen oder Zweige dabei sind, besteht natürlich Verletzungsgefahr!

Ein kleiner Tipp:
Wenn Sie die Kinder nach diesem Spiel zur Ruhe kommen lassen möchten, geben Sie mit leiser Stimme die Anweisung, zum Ende hin selbst ein fliegendes Blatt zu spielen, das sanft zur Erde schwebt und schließlich auf dem weichen Waldboden landet. Dort bleibt es erst einmal liegen um sich von seiner Reise auszuruhen ...

Paare finden

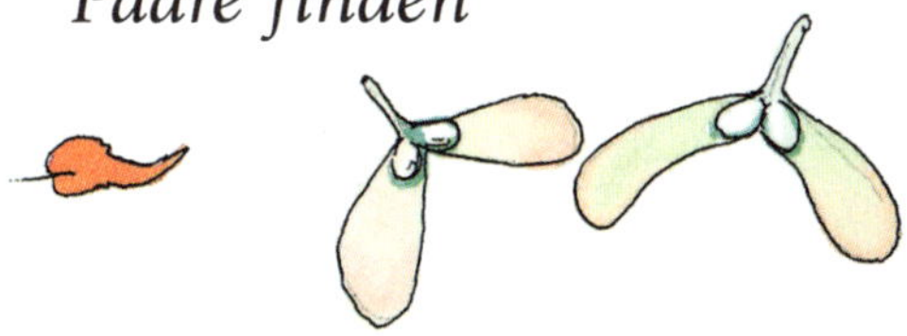

Material:
pro Kind ca. sechs bis zehn Gegenstände aus dem Wald und eine Stofftasche

So wirds gemacht:
Der Spielleiter sollte bei einem Waldspaziergang sechs bis zehn verschiedene Gegenstände (Eicheln, Kastanien, Buchenblätter, Haselnüsse, kleine Zweige, Steine, Tannenzapfen, Bucheckern, Tannennadeln ...) sammeln, jeweils der Anzahl der Kinder entsprechend.
Er zeigt den Kindern all die Gegenstände, die er im Wald gesammelt hat, sie werden gemeinsam mit den Kindern benannt.
Nun sollen die Kinder auf einem Spaziergang durch den Wald genau diese Gegenstände suchen. Zum Schluss zeigen alle Kinder die Dinge, zu denen sie das passende Paar gefunden haben.
Wenn sie möchten, können die Kinder nach Beendigung des Spiels ihre Gegenstände aufkleben oder etwas daraus basteln.

Wer ist am schnellsten?

Material:
pro Kind ein Gegenstand aus dem Wald

So wirds gemacht:
Jeder Spieler bekommt einen bestimmten Gegenstand in die Hand, z. B. einen Tannenzapfen, ein Stück Rinde, eine Kastanie, etwas Moos, ein Ahornblatt. Nach dem Startkommando müssen die Spieler möglichst schnell versuchen den Ort zu finden, von dem dieser Gegenstand stammt. Wer findet ihn als Erster?

Ein kleiner Tipp:
Achten Sie beim Auswählen der Gegenstände darauf, dass sich die verschiedenen Bäume oder Fundorte in unmittelbarer Nähe befinden. Sonst verlieren nicht nur die Kinder schnell die Übersicht, sondern auch Sie die Spieler!

Die fleißigen Holzfäller

So wirds gemacht:
Alle Spieler bis auf einen legen sich mit dem Bauch auf den Boden. Alle Gesichter zeigen in die Mitte und mit den Armen dürfen sich die Kinder gegenseitig einhaken und festhalten. Dies sind nun gefällte Bäume, die der Holzfäller versucht wegzuschaffen. Das Kind, das nicht liegt, ist der Holzfäller und muss mit ganzer Kraft versuchen einen Baumstamm bzw. einen Spieler an den Füßen aus dem Kreis zu ziehen. Kann sich dieser nicht mehr an den anderen Mitspielern festhalten, so wird er ebenfalls zum Holzfäller und kann seinem Partner helfen weitere Baumstämme zu verladen ...

Ein kleiner Tipp:
Dieses Spiel macht riesigen Spaß, weil man sich herrlich dabei austoben und seine Kräfte ausleben kann. Allerdings sollte man darauf achten, dass die Kinder draußen alte Kleidung oder Regenanzüge anhaben, da sie sonst recht schmutzig werden.

Ein Zauberbaum

Material:
ein kleiner Schatz (Bonbon, Nuss o.Ä.), eventuell reißfeste Seile zum Klettern

So wirds gemacht:
In einem geeigneten Baum werden in der Baumkrone kleine Schätze für die Kinder versteckt. Die Spieler dürfen sich dann an die Arbeit machen den Zauberbaum zu suchen und zu erkunden. Dabei können sich die Kinder auf irgendeine Art und Weise an dem Stamm hochhangeln, kraxeln, klettern und ziehen. Oben darf sich dann jeder seine Belohnung suchen ...

Ein kleiner Tipp:
Wenn Sie diesen tollen »Zauberbaum« aussuchen, sollten Sie darauf achten, dass es ein wirklich guter Baum zum Klettern ist, so dass auch alle Spieler hinaufgelangen. Natürlich dürfen sich die Kinder aber gegenseitig helfen.

Sonne, Mond und Sterne – ein Himmelsfest

Feste im November und Dezember

Dieses himmlische Fest ist für die Kinder einmal etwas anderes als die üblichen Weihnachtsfeiern. Auch dieses Fest hat etwas Ruhiges, sehr Harmonisches und passt durch seinen Glanz in die festliche Zeit vor und um das Weihnachtsfest.

Eine himmlische Einladung

Material:
pro Einladung ein runder, großer Luftballon (wenn möglich ein durchsichtiger), weißes Papier, Glimmer, Sternchen oder Mondpailletten, Stifte, Schere

So wirds gemacht:
Eine »himmlische Einladung« für ein himmlisches Fest: Aus dem weißen Papier schneidet man eine schöne Wolke aus. Sie sollte groß genug für den Einladungstext sein, aber auch noch in den Ballon passen. Wenn Sie den Einladungstext aufgeschrieben haben, rollen Sie die Wolke zusammen und stecken sie in den Ballon hinein. Die Pailletten und der Glimmer kommen ebenfalls in den Ballon, der anschließend aufgeblasen wird, bis er dick und rund ist. Dann wird er fest verknotet: Fertig ist die himmlische Einladung!

Himmelstischdecke

Material:
ein dunkles Bettlaken oder blauer Stoff, silberne oder goldene Stoffmalfarben, Ausstechförmchen (Sonne, Mond, Sterne), Kartoffeln, Pinsel, Messer

So wirds gemacht:
Sie benötigen ein sauberes dunkles Bettlaken, eventuell färben Sie eins in der Waschmaschine. Die Kartoffeln werden halbiert, in jede Hälfte ein Ausstechförmchen gedrückt. Der Rand um die Form wird mit dem Messer abgetrennt und die Form herausgezogen. Auf der Kartoffelhälfte ist nun ein Bild zu erkennen, das man als Stempel benutzen kann.
Mit dem Pinsel wird die Stoffmalfarbe auf die Kartoffelstempel gestrichen. Ist der »Stempel« ganz mit Farbe bedeckt, kann man mit ihm auf dem ausgebreiteten Laken drucken, bis der Stoff mit zahlreichen Sonnen, Monden und Sternen bedruckt ist. Ein tolles Dekorationsmittel für Tisch, Raumdecke oder Möbel!
Achtung: Kittel oder alte Hemden anziehen, denn die Stoffmalfarbe lässt sich nicht mehr auswaschen!

Sonne, Mond, Sterne, ich mag euch gerne!

Material:
Schere, Perlongarn, Nadel, fester Tonkarton in Gelb und Blau

So wirds gemacht:
Auf den gelben Tonkarton werden Sterne in allen Größen gezeichnet, dazu ein großer Mond und eine Sonne. Auf den blauen Tonkarton können Wolken und Sterne gemalt werden.
Die vorgezeichneten Formen werden ausgeschnitten. Mit der Nadel befestigt man unterschiedlich lange Fäden daran und hängt sie direkt unter die Zimmerdecke. Wenn man dann an die Decke schaut, sieht man direkt in den »Himmel« hinein! Mit goldfarbenem oder silbernem Sprühlack leuchten und glitzern die Sterne noch schöner!

Viele weiße Wolken

Material:
Tapetenkleister, eine Schüssel, Schneebesen, Wasser, Watte, eventuell Pinsel und hellblaue Fingerfarbe

So wirds gemacht:
Der Tapetenkleister wird nach der Anleitung auf der Packung in einer Schüssel mit Wasser angerührt; er darf nicht zu flüssig sein. Danach tragen Sie ihn in Form einer Wolke auf ein sauberes Fenster auf. Die bestrichene Fläche bekleben Sie mit Watte, bis sie deutlich nach einer Wolke aussieht. Je nach Größe des Fensters können Sie beliebig viele Wolken daran zaubern. Wenn Sie möchten, malen Sie zum Schluss mit hellblauer Fingerfarbe einen Himmel um die Wolken herum.

Weitere Gestaltungsideen:
Für dieses »himmlische« Fest eignet sich alles, was an den Himmel mit Sternen, Sonne und Mond erinnert. Der Tisch kann mit kleinen Glitzersternchen bestreut werden. Sie können aus Tonpapier oder -karton Platzkarten oder Tischsets in Sonne-, Mond- oder Sternenform basteln.
Lassen Sie von der Zimmerdecke viele Sterne, Sonnen und Monde herunterhängen – das verzaubert die Kinder.
Hängen Sie einige Lichterketten im Raum auf, das erinnert an kleine, funkelnde Sterne und unterstützt die Atmosphäre des Festes.

Sternensalat

Zutaten:
500 g Sternchennudeln, 1 rote Paprika, ein kleines Glas Cornichons, 150 g Mais, eine Zwiebel, 2 Esslöffel Mayonnaise, 2 Esslöffel Naturjogurt, 1 Packung Kräuter aus der Tiefkühltruhe, 1 Teelöffel Ketschup

Zubereitung:
Die Sternchennudeln kochen und abkühlen lassen. In der Zwischenzeit können Sie Paprika, Gurken und Zwiebel (oder anderes Gemüse nach Ihrem Geschmack) in kleine Würfel schneiden, den Mais geben Sie einfach so dazu. Dann rühren Sie die Sauce aus Mayonnaise, Jogurt, Ketschup und Kräutern zusammen. Um sie etwas zu verdünnen, können Sie den restlichen Gurkensaft verwenden. Dieser und die Mayonnaise würzen mit Hilfe der Kräuter in der Regel so gut, dass Sie keine weiteren Gewürze oder Salz verwenden müssen!
Zum Schluss geben Sie die Sternchennudeln hinzu und rühren alles gut um. Der Salat sollte noch eine Weile durchziehen, damit sich das Aroma der Kräuter entfalten kann.

Weitere Rezept-Ideen:
Wenn Sie etwas zum Essen vorbereiten, so empfehle ich Ihnen, die Gerichte passend zum Fest auszuwählen: Wie wäre es mit einem Bisquitkuchen, den Sie zu einer Mondform schneiden? Oder mit einem Kuchen, der mit Marzipansternen verziert ist? Dazu können Sie einfach Marzipan-Rohmasse mit Puderzucker verkneten, ausrollen und mit Förmchen Sterne ausstechen!
Auch ein Gurkensalat kann leicht zu einem erfrischenden Sternensnack werden, indem man die Gurkenscheiben mit einer Sternchen-Ausstechform »bearbeitet«. Auf diese Weise entfällt das Schälen der Gurke.
Das Auge isst stets mit und außerdem macht ein passendes »himmlisches Mahl« das Festvergnügen komplett.

Der Weg der Mondkristalle

Material:
Steine, Tücher oder Augenbinden

So wirds gemacht:
Im Raum wird mit allen Steinen eine Wegstrecke gelegt, die eine möglichst interessante Form hat. Sie können z. B. eine große Spirale mit den Steinen legen, einen Mond, einen Stern o.Ä.
Der Spielleiter spricht zu den Kindern: »Wir sind alle zusammen durchs All geflogen und auf dem Mond gelandet! – Schaut mal dort drüben! Dort liegen viele Mondkristalle. Ihr müsst wissen, Mondkristalle sind etwas ganz Besonderes. Sie zeigen uns einen Weg zu einem ganz interessanten Ort. Kommt, wir ziehen unsere Schuhe aus, denn über die Kristalle darf man nur barfuß laufen, sonst gehen sie kaputt.«
Jedes Kind bekommt nun ein Tuch um die Augen gebunden. Nacheinander sollen sie versuchen über die Mondkristalle zu laufen. Dabei müssen sie immer dem gelegten Weg folgen.

Ein kleiner Tipp:
Je nach Anzahl der Spieler können mehrere Wege mit Steinen gelegt werden. So können immer einige Kinder gleichzeitig über die Kristalle laufen. Das spart Zeit und vermeidet aufkommende Langeweile.
Als Spielvariante könnte man den Kindern auch die Aufgabe stellen die Form zu erraten, welche die Mondkristalle bilden.

Sonne-, Mond- und Sternen-Pärchen

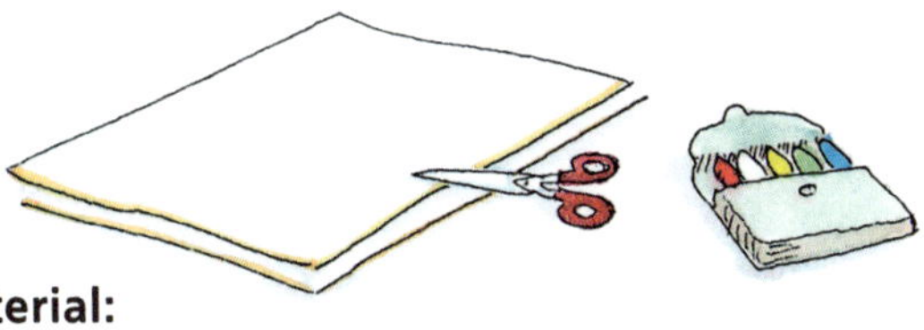

Material:
Blankokarten oder fester Tonkarton und Schere, Stifte

So wirds gemacht:
Auf die Blankokarten werden Motive gemalt, die zum Fest passen, z. B. Sonne, Stern, Mond, Wolken, Sternschnuppe, Himmel, Blitz, Regen, Regenbogen ...
Jedes Motiv muss zweimal gemalt werden, da man jeweils ein Pärchen braucht.
Die Mondkristalle haben die Kinder zu einem himmlischen Legespiel geführt. Alle setzen sich auf den Boden (oder an einen Tisch), vermischen die Karten und legen sie verdeckt hin. Ein Spieler beginnt und darf zwei Karten umdrehen. Wenn sie dasselbe Motiv haben, bekommt der Spieler die Karten und darf noch einmal zwei Karten aufdecken. Wenn sie unterschiedliche Motive haben, werden die Karten wieder verdeckt und der nächste Spieler ist an der Reihe!

Ein kleiner Tipp:
Je mehr Spieler mitspielen, desto mehr Karten benötigen Sie für das Spiel. Bei älteren Kindern kann man das Spiel so verändern, dass immer drei Karten zueinander passen und umgedreht werden müssen.
Falls Sie es sich nicht zutrauen die Karten zu bemalen, können Sie auch Motive aus Büchern kopieren und aufkleben. Vielleicht haben die Kinder Lust die Karten mit Ihnen zu gestalten. So wird das Spiel für die Kinder noch interessanter.

Das große Wolkenpusten

Material:
Watte, Klebeband

So wirds gemacht:
Mit dem Klebeband wird im Raum eine Start- und eine Ziellinie markiert.
Der Spielleiter erzählt:
»Während eurer Reise auf den Mond trefft ihr die kleinen grünen Mondmännchen. Sie laden euch zu einem lustigen Spiel ein, dem großen Wolkenpusten.«
Jeder muss sich an die Startlinie knien und bekommt eine kleine Wolke (aus Watte).
Memo, das kleinste Mondmännchen, erklärt, dass alle nach dem Startsignal versuchen müssen ihre Wolke so schnell wie möglich ins Ziel zu pusten.
Memo ist schon sehr gespannt, welche der Wolken am schnellsten fliegen kann!
Wenn alle mit ihren Wolken an der Startlinie knien, ruft Memo als Startkommando:

*»Alle Wolken,
groß und klein,
wehet schnell ins
Ziel hinein!«*

Ein kleiner Tipp:
Man kann dieses Wolkenspiel beliebig verändern. Beispielsweise kann man eine bestimmte Linie vorgeben, an der entlang die Wolken fliegen müssen. Oder man baut einen kleinen Parcours auf, so dass die Wolken durch Stühle hindurch müssen, über einen Stein hinüber etc.
Man kann dieses Wolkenpusten auch nicht als Wettspiel durchführen, sondern als Geschicklichkeitsspiel, bei dem die Spieler nacheinander pusten!

Wolkenfangen

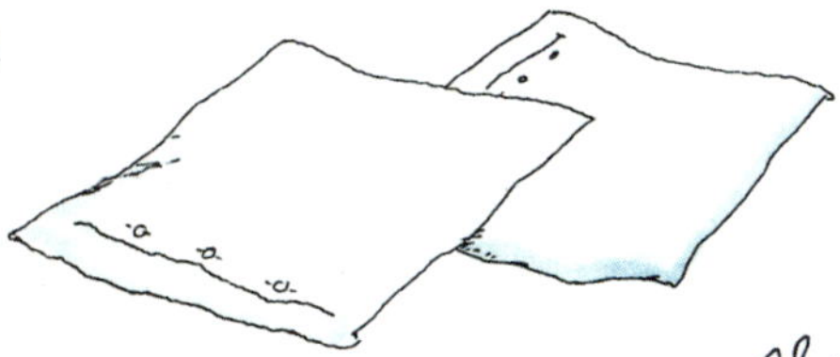

Material:
zwei weiße Kissenbezüge (80 × 80 cm), mehrere Luftballons

»Wolke, höre, sei nicht dumm, kreise nun mal andersrum!«

So wirds gemacht:
Die Ballons werden aufgeblasen und fest verknotet. Dann füllt man einige Ballons in die weißen Kissenbezüge, bis diese dick wie eine Wolke sind. Die Kissenbezüge knöpft man wieder zu, damit die Ballons nicht herausfallen.
Die Mondmännchen sind außer Rand und Band, denn Besuch auf dem Mond haben sie recht selten. Deshalb bitten sie die Kinder noch ein bisschen zu bleiben und ein weiteres Spiel mit ihnen zu spielen. »Wolkenfangen« ist eigentlich ganz einfach, erklären sie. Als Erstes stellt man sich in einen großen Kreis. Zwei Spieler, die sich in etwa gegenüberstehen, bekommen je eine Wolke. Diese dicken Wolken müssen im Kreis weitergegeben werden, so schnell, dass sie die andere Wolke einfangen. Alles klar? Dann gehts los ...

Ein kleiner Tipp:
Dieses Spiel eignet sich wunderbar zum Austoben. Dennoch haben die Kinder eine Aufgabe, welche die Bewegungen lenkt. Wenn das Spiel mit älteren Kindern gespielt wird, kann man Varianten einbauen. Beispielsweise wird ein Kind zum Mondmännchen, das zwischendurch immer wieder ruft:

Sogleich werden die beiden Wolken in die andere Richtung weitergegeben.
Oder man kann die Aufgabe erschweren, indem die Wolken immer nur jedem zweiten Spieler weitergegeben werden dürfen!

Was hab ich hier, verrat es mir!

Material:
Tonkarton, Schere, Tücher oder Augenbinden

So wirds gemacht:
Aus dem Tonkarton werden unterschiedliche Figuren ausgeschnitten, die deutliche Umrisse haben und zum Thema des Festes passen, wie Sonne, Mond, Sterne, Sternschnuppe, Wolke ...
Nun möchten die Mondmännchen den Kindern noch etwas zeigen. Das Spiel heißt

»Was hab ich hier, verrat es mir!«

Memo erklärt, wie es funktioniert:
Ein Kind bekommt seine Augen verbunden. Vor ihm liegen kleine Pappfiguren, von denen eine aufgehoben und dem Spieler in die Hand gegeben wird. Er soll nur durch Ertasten der Form erraten, um was es sich handelt!

Ein kleiner Tipp:
Für jüngere Kinder empfiehlt es sich die einzelnen Gegenstände recht groß auszuschneiden. Die Außenkanten und Formen müssen ganz deutlich zu erkennen sein. Falls ein Kind den Gegenstand überhaupt nicht erraten kann, geben Sie Tipps.

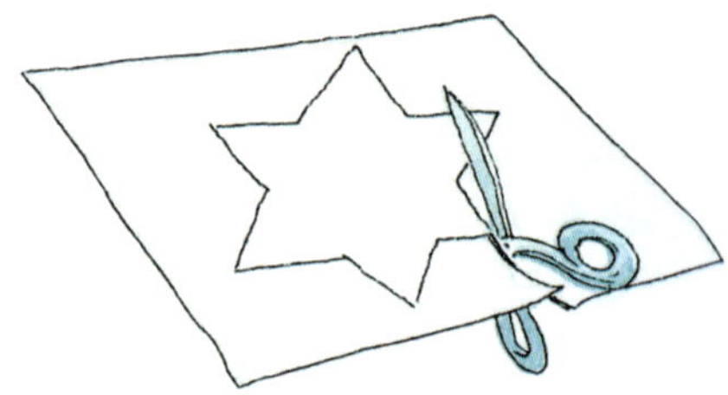

Der Sternentanz

Material:
meditative Musik (sehr empfehlenswert hierfür ist das Lied »Oracle of Apollo« von Vangelis), Rekorder, Tonkarton, Klebstoff, Schere, Teelichter, breite Bänder (mindestens 4 cm breit und 80 cm lang), Feuerzeug

So wirds gemacht:
Aus dem Tonkarton schneiden Sie Sterne aus und kleben jeweils ein Teelicht in die Mitte. Die Bänder werden in etwa 80 cm Länge geschnitten. Für jedes Kind muss ein Stern mit aufgeklebtem Teelicht und ein Band vorhanden sein. Außerdem wird ein großer Stern ausgeschnitten, auf den ebenfalls ein Teelicht kommt.
Zum Abschied möchten die Mondmännchen noch den Sternentanz tanzen. Alle setzen sich in einen großen Kreis. In der Mitte liegt der große Stern, auf dem das Teelicht steht und brennt. Alle anderen Bänder und »Sternenlichter« liegen daneben. Das erste Kind steht auf und geht in die Mitte. Dort nimmt es sich einen Stern und zündet das Teelicht an der bereits brennenden Kerze an. Dieses »Sternenlicht« stellt es direkt vor ein anderes Kind, zur Mitte hin legt es von dem Kind aus ein Band. Dann setzt es sich wieder auf seinen Platz. Nun ist das Kind an der Reihe, vor das die Kerze gestellt wurde. Es wiederholt den Vorgang mit einem anderen Kind. Während des gesamten Tanzes läuft meditative Musik.

Ein kleiner Tipp:
Dieser Sternentanz fasziniert die Kinder. Sie werden ihm ganz ruhig und bedächtig folgen. Je nach der Anzahl der Spieler müssen Sie die Musik eventuell zweimal hintereinander aufnehmen und vorspielen, da sie die gesamte Zeit laufen soll. Bei dem Sternentanz sollte nach Möglichkeit nicht gesprochen werden! Im Anschluss daran kann man warten, bis die Musik verstummt, und die Kinder noch ein bisschen träumen lassen.

Sabine Seyffert lebt mit ihrem Mann und ihren drei Kindern in Wuppertal. Nach dem Abitur machte sie zunächst eine Ausbildung zur staatlich anerkannten Erzieherin, an die sich später sowohl ein Studium zur Psychologischen Beraterin als auch Ausbildungen zur Entspannungspädagogin und Bachblütentherapeutin anschlossen. Sie führt freiberuflich Entspannungskurse für Kinder und Erwachsene sowie Veranstaltungen für Pädagogen durch und hat bereits einige Bücher zu den Themen Kinderbeschäftigung und Entspannung veröffentlicht.

Susanne Schwandt wurde in Althagen auf der Halbinsel Fischland an der Ostsee geboren und studierte an der Hochschule Burg Giebichenstein in Halle Grafik und Illustration. Nachdem sie die DDR verlassen hatte, bekam sie drei Kinder und war in verschiedenen Bereichen tätig. Heute lebt sie in Berlin und beschäftigt sich seit 1988 hauptberuflich mit dem Illustrieren von Schul- und Kinderbüchern, was schon immer ihr Traumberuf war.